新时代智库出版的领跑者

智库 中社

国家智库报告 2022（34）
National Think Tank

经 济

迈向更加包容的中国营商环境

中国包容性绿色发展跟踪调查项目组　著

TOWARDS A MORE INCLUSIVE BUSINESS
ENVIRONMENT IN CHINA

中国社会科学出版社

图书在版编目(CIP)数据

迈向更加包容的中国营商环境／中国包容性绿色发展跟踪调查项目组著.
—北京：中国社会科学出版社，2022.10
（国家智库报告）
ISBN 978 – 7 – 5227 – 0957 – 4

Ⅰ.①迈…　Ⅱ.①中…　Ⅲ.①投资环境—研究—中国　Ⅳ.①F832.48

中国版本图书馆 CIP 数据核字（2022）第 195404 号

出 版 人	赵剑英	
项目统筹	王　茵	喻　苗
责任编辑	范晨星	周　佳
责任校对	刘　娟	
责任印制	李寡寡	

出　　　版	中国社会科学出版社
社　　　址	北京鼓楼西大街甲 158 号
邮　　　编	100720
网　　　址	http://www.csspw.cn
发 行 部	010 – 84083685
门 市 部	010 – 84029450
经　　　销	新华书店及其他书店

印刷装订	北京君升印刷有限公司
版　　　次	2022 年 10 月第 1 版
印　　　次	2022 年 10 月第 1 次印刷

开　　　本	787 × 1092　1/16
印　　　张	13.5
插　　　页	2
字　　　数	170 千字
定　　　价	75.00 元

IGDS[*] 项目顾问

高培勇　中国社会科学院副院长、学部委员
蔡　昉　中国社会科学院学部委员
朱　玲　中国社会科学院学部委员
潘家华　中国社会科学院学部委员
吕　政　中国社会科学院学部委员
金　碚　中国社会科学院学部委员
黄群慧　中国社会科学院经济研究所所长
何德旭　中国社会科学院财经战略研究院院长
魏后凯　中国社会科学院农村发展研究所所长
张永生　中国社会科学院生态文明研究所所长
张　翼　中国社会科学院社会发展战略研究院院长
史　丹　中国社会科学院工业经济研究所所长
曲永义　中国社会科学院工业经济研究所党委书记、副所长
季为民　中国社会科学院工业经济研究所副所长

＊　中国社会科学院重大经济社会调查项目"中国包容性绿色发展跟踪调查"（IGDS）是在"中国经济学人热点调查"的基础上建立起来以"包容性绿色发展"为主题，面向全国的经济社会跟踪调查。

IGDS 项目主要参与人

项目首席负责人李钢：中国社会科学院工业经济研究所研究员，博士生导师。

北京首席调研督导杨世伟：经济管理出版社社长，中国社会科学院工业经济研究所编审，博士生导师。

天津首席调研督导霍宝锋：天津大学管理与经济学部主任，讲席教授，博士生导师。

河北首席调研督导吴国英：河北工程大学副校长，教授，硕士生导师。

山西首席调研督导郭淑芬：山西财经大学公共管理学院院长，二级教授，博士生导师。

内蒙古首席调研督导王春枝：内蒙古财经大学统计与数学学院院长，教授，2021 年获得全国五一劳动奖章。

辽宁首席调研督导王伟光：辽宁大学教务处处长兼本科教学评估建设中心办公室主任，教授，博士生导师。

黑龙江首席调研督导魏枫：黑龙江大学经济与工商管理学院院长，教授，博士生导师。

上海首席调研督导聂永有：上海大学经济学院执行院长、教授、博士生导师。

江苏首席调研督导王子敏：南京邮电大学经济学院副教授、副院长、硕士生导师。

浙江首席调研督导王学渊：浙江工商大学经济学院院长助

理，教授，硕士生导师。

安徽首席调研督导时省：合肥工业大学科研院社科处处长，经济学院教授，硕士生导师。

福建首席调研督导高绍福：集美大学工商管理学院副院长，教授、硕士生导师。

江西首席调研督导张利国：江西财经大学经济学院/生态经济研究院院长，教授，博士生导师。

山东首席调研督导丁黎黎：中国海洋大学经济学院副院长，教授，博士生导师。

河南首席调研督导王海杰：郑州大学商学院执行院长，教授，博士生导师。

湖北首席调研督导余振：武汉大学经济与管理学院副院长，教授，博士生导师。

湖南首席调研督导谢锐：湖南大学经济与贸易学院院长助理，湖南大学岳麓学者特聘教授，博士生导师。

广东首席调研督导陈再齐：广东省社会科学院人事处处长，硕士生导师，研究员。

广西首席调研督导刘金林：广西民族大学广西中华民族共同体意识研究院常务副院长，教授，博士生导师。

海南首席调研督导康霖：海南职业技术学院副校长，教授。

重庆首席调研督导李敬：重庆工商大学党委常委，副校长，二级教授，博士生导师。

四川首席调研督导龚勤林：四川大学经济学院副院长，教授，博士生导师。

贵州首席调研督导肖小虹：贵州财经大学副校长，二级教授，博士生导师。

云南首席调研督导张国胜：云南大学经济学院副院长，教授，博士生导师。

西藏首席调研督导图登克珠：西藏大学科研处处长，博士生导师，教授。

陕西首席调研督导吴振磊：西北大学党委常委，副校长，经济管理学院院长，教授，博士生导师。

甘肃首席调研督导赵前前：共青团甘肃省委副书记，省委党校甘肃发展研究院副院长，教授。

宁夏首席调研督导冯蛟：宁夏大学创新创业学院院长，教授，硕士生导师。

青海首席调研督导陈文烈：青海民族大学经济学院教授，博士生导师。

新疆首席调研督导王宏丽：新疆社会科学院经济研究所副所长，副研究员，硕士生导师。

IGDS 项目工作组刘明娜：IGDS 项目公关总监。

IGDS 项目工作组梁泳梅：中国社会科学院工业经济研究所副研究员，《中国经济学人》编辑部副主任，硕士生导师。

IGDS 项目工作组陈素梅：中国社会科学院工业经济研究所副研究员，硕士生导师。

IGDS 项目工作组秦宇：中国社会科学院工业经济研究所助理研究员。

IGDS 项目工作组袁华锡：中南财经政法大学经济学院副教授，中国社会科学院大学工业经济研究所博士后。

IGDS 项目工作组李森：中央民族大学博士研究生，IGDS 项目首席联络官。

IGDS 项目工作组苏占才：中国社会科学院大学博士研究生。

IGDS 项目工作组郭岩：IGDS 项目助理。

摘要： 2022 年第一季度，中国社会科学院工业经济研究所"中国包容性绿色发展跟踪调查"（IGDS）项目组针对"包容性营商环境"进行了全国性的问卷调查，本次调查覆盖中国 7 大地理区域、31 个省级行政区、300 余个地级行政区。本书基于"包容性营商环境"的调查结果开展研究，主要从公众感知角度调研全社会对包容性营商环境的感知水平，根据问卷调查结果，探讨中国包容性营商环境建设存在的问题，并提出有针对性的政策建议。本书首先从理论上阐述了对包容性营商环境的理解，为本书奠定了理论基础；然后对受访者的地区分布、产业结构、年龄层次、性别构成、教育程度、民族分布、政治面貌、户籍状况和工作情况等主要特征作简要描述；最后利用调查数据对全国及华北、华东、东北、华中、华南、西南、西北地区的包容性营商环境进行了分析。

关键词： 营商环境；包容性的营商环境；包容性绿色发展

Abstract: In the first quarter of 2022, A nationwide questionnaire on inclusive business environment was conducted by research group of "Inclusive Green Development Follow – up Survey" (IGDS) from Institute of Industrial Economics of CASS. The survey covered seven major geographical regions, 31 provincial – level administrative regions and more than 300 prefecture – level administrative regions in China. Based on the findings of the Inclusive Business Environment Survey, this book mainly investigated the level of the whole society's perception of an inclusive business environment from the perspective of public perception. According to the results of the questionnaire, the existing problems in China's inclusive business environment are discussed and targeted policy suggestions are put forward in this book. First of all, the understandings of inclusive business environment are theoretically elaborated, which lays the theoretical foundation for the book. Secondly, the main characteristics of the interviewees are briefly described, including regional distribution, industrial structure, age level, gender composition, education level, ethnic distribution, political status, household registration and working condition etc. At last, the survey data is used to analyze the inclusive business environment of the whole country and seven regions in North China, East China, Northeast China, Central China, South China, Southwest and Northwest China.

Key Words: Business Environment, Inclusive Business Environment, Inclusive Green Development

目　　录

一　如何理解包容性营商环境

李　钢

改革开放以来，中国经济政策总体取向就是扶优做强，1978年，邓小平提出让一部分人、一部分地区先富起来，逐步实现共同富裕。中国在改革开放初期集中全国的力量来发展沿海开放城市，特别是对1980年成立的四个经济特区给予了特殊的优惠条件。大家所熟悉的政策描述是"有水快流""效率优先，兼顾公平""允许一部分人先富起来"，这都表明强者更容易抓住发展的机会。这对于中国经济的腾飞起到了重要的作用。但目前中国经济已经位居世界第二，特别是在更加强调共同富裕的时代背景下，整个社会的氛围都在改变，国家在经济政策上也更加强调平等与包容。对于包容性有各种各样的理解，各自有自己的侧重点。我认为包容性最重要的就是对于弱者权利的关注，能平等地对待弱者。相对于大企业，中小企业是弱者；相对于企业，员工是弱者；相对于厂商，消费者是弱者；相对于本地人，外地人是弱者；相对于人，其他生物是弱者。包容性就是对于处于相对弱势的一方，给予更多的关注，追求强者与弱者共同发展。

一般认为营商环境是指企业在开办、经营、破产等全生命周期内，在遵循地方政策法规及相关制度的情况下开展商业活动所需要的时间、手续、成本等。中国近年来营商环境持续得到优化与提升。在共同富裕的时代背景下，营商环境优化不仅要关注有利于企业发展的因素，而且要关注劳动者与普通公民的福祉，不断提升公民的幸福感与获得感；当然包容性的营商环境不仅要关注公众的福祉，而且要关注市场主体中弱势群体小微企业的发展环境；不仅要关注人类的发展，而且要关注整个生态系统的可持续发展。因而包容性营商环境是指一个区域环境不仅有利于吸引资本，有利于各类企业的持续成长；而且有利于当地居民的持续生存与发展，不断提升当地居民的幸福感与获得感；从而促进该区域的经济、社会与生态的高质量可持续发展。我理解的包容性营商环境至少有以下几层含义：

第一，区域环境要促进企业之间的包容性。包容性营商环境不仅要有利于大企业，而且要有利于各种规模的特别是小微企业的成长与生存，让一些小微型企业也能够成为"百年老店"。改革开放之后，中国企业在观念上就追求规模持续扩大，相当一段时间内企业只有做大才能做强；企业一旦停止规模扩张往往就会很快解体与破产；这与中国近四十年持续的高速增长相适应。今天，中国供求总体平衡，社会的主要矛盾已经转变为人民日益增长的美好生活需要与不平衡不充分的发展之间的矛盾，企业的发展已经在很大程度上不体现在外延的不断扩大上，而是内涵的不断深化；一些小微的市场主体不一定追求规模的不断成长，也能成为有竞争力的企业。如何使一部分小微企业能够可持续发展，在某一个领域不断提升自己的影响力与竞争力，这是包容性营商环境要关注的一个重点，也是大家所容易理解的内容。

第二，区域环境要促进企业与员工的包容性。企业与员工的包容性是说不仅要关注企业的利润，也要关注员工利益；不仅要关注企业的可持续发展，也要关注员工的可持续发展；不仅要关注资本的利润与利益，也要关注劳动者的利益与权益。其中最重要的指标就是在中国国民收入的分配中，要不断地提高劳动者收入的份额。改革开放以来我们强调以经济建设为中心，由于中国的生产要素禀赋中劳动力相对丰富，而资本相对不足，因而全社会十分关注企业家与企业的积极性，试图通过营造更好的营商环境来吸引不断流动的资本，使更多的资本能在本地聚集，从而带动经济发展。这一方面促进了中国经济的发展，而另一方面也容易造成对于劳动者权益保护的不足。对于中国而言，目前特别应关注的是工资收入在国民收入分配中的份额，中国目前劳动者收入仅占到国民收入的 50% 左右，而发达国家一般占到 60% 以上。例如，德国就业人员可支配收入占国民收入的比重从 2010 年的 66.8% 上升到 2018 年的 69%；[1]美国工资收入占总收入的比重 1947 年为 65.4%，2000 年为 63.3%，而 2016 年下降为 56.7%；[2] 韩国劳动收入占家庭总收入的比例 2011 年为 62.5%，2019 年为 64%。[3] 在共同富裕的时代背景下，我们应关注劳动者工资收入在国民收入分配中的比例，促进劳资双方和谐发展；因而我们认为营商环境建设不仅要关注企业可持续发展，也要关注公民的获得与获得感、幸福与幸福感。目前由于资本已经实现了全球的自由流动，而劳动力没有实现全球的自由流动；因而资本总是可以找到税收更优惠、劳动力成本更低的区域去投资，从而进一步使资本所有者可以不去关注所在区域的可持续发展与民众福祉的提升。而资本的高流动性与劳动力的低流动性，会使地方政府为了吸引资本而牺牲本地居民的正当利益。在中国改革开放以来的很长一段时间，由于资本缺少与市场机制的不足，在经济发展过程中十分强调企业家才能与资本保护有其历史合理性，但在中国人

---

① 周弘：《促进共同富裕的国际比较》，中国社会科学出版社 2021 年版，第 7 页。

② 周弘：《促进共同富裕的国际比较》，中国社会科学出版社 2021 年版，第 22 页。

③ 周弘：《促进共同富裕的国际比较》，中国社会科学出版社 2021 年版，第 186 页。

均 GDP 已经接近发达国家下限的今天，必须要强调企业与员工利益的包容性，这是本书所强调的重点，也是共同富裕的必然要求。IGDS 2022 年第一季度调查在问到当企业与员工发生劳资纠纷时，您认为当地执法机关倾向于企业还是员工权益时，20.1% 的调研者认为会倾向于员工权益，而相应仅有 15.9% 的调研者认为会倾向于企业权益，50.7% 的调研者认为会视情况而定。上述数据说明各地政府注重了平衡企业与员工的权益，甚至数据表明各地政府还是更加重视员工权益保护，中国已经初步实现了资本与劳动的包容性。

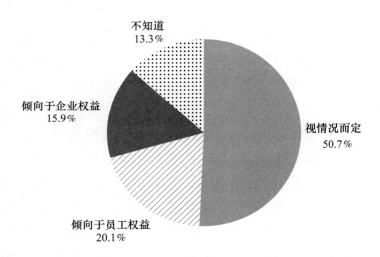

图 1 - 1　当企业与员工发生劳资纠纷时，您认为当地执法
机关倾向于企业还是员工权益

资料来源：中国社会科学院包容性绿色发展跟踪调查 IGDS – A202201I – 26 题（全国数据）。

第三，区域环境要促进不同文化、文明与制度之间的包容性。中华民族的文化是多元一体，有着巨大的涵化能力；中华文明作为当今地球上现存的最悠久文明，我们应该有拥抱其他文明的底气，并与其他文明互鉴，共同推进人类命运共同体的建设。包容性营商环境的建设应该包括对于其他文化、文明与制度的接纳，对其他区域劳动者与企业的接纳。只要遵守我们的法律，不因为其所有制的性质、国家与区域不同而对其进行排斥；因而不断消除各种要素与商品流动的壁垒也是包容性营商环境建设的要求。IGDS 2022 年第一季度调查在问到您对外地人到本地就业和生活的欢迎程度时，83.5% 的被调研者打分在 6 分及以上（及格），71.8% 的被调研者打分在 7 分及以上，57.7% 的被调研者打分在 8 分及以上。调查数据从一个侧面表明中国民众对其他文化与文明的包容性较高，中国营商环境初步实现了对不同文化与文明的包容性。

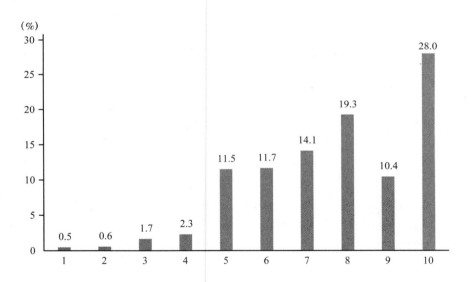

图 1 - 2　您对外地人到本地就业和生活的欢迎程度

资料来源：中国社会科学院包容性绿色发展跟踪调查 IGDS - A202201I - 24 题（全国数据）。

　　第四，区域环境要促进生态系统的包容性。人类作为生态系统中最强的物种，我们要对于其他的物种具有包容性，关注其他物种的可持续发展，关注整个生态的多样性；而且作为生态系统中的强者，我们更要关注整个生态系统的可持续性。因而，包容性的营商环境不仅要促进经济增长而且要关注生态的可持续发展。IGDS 2022 年第一季度调查在问到您认为相对于经济发展，当地政府对环境污染的重视程度时，75.7% 以上的被调研者打分在 6 分及以上（及格），平均分为 6.99 分；这表明公众普遍认为中国目前已经较为关注环境保护，中国营商环境初步实现了生态系统的包容性，中国的生态文明建设已经初见成效。

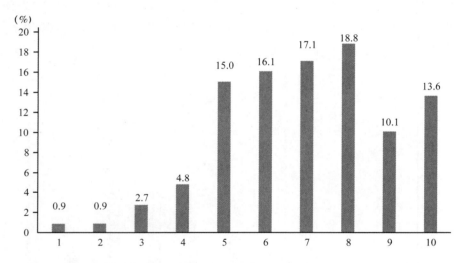

图 1 - 3　您认为相对于经济发展，当地政府对环境污染的重视程度

资料来源：中国社会科学院包容性绿色发展跟踪调查 IGDS - A202201I - 32 题（全国数据）。

IGDS 项目是一项面向全国的持续跟踪调查项目，2022 年针对包容性营商环境的调查是 IGDS 第一次正式调查，本次调查发现了很多有意义的现象，可以说中国民众认为中国经济包容性较高，从公众的感知而言中国正迈入更加包容的营商环境。

二 调研报告样本情况说明

李 森 秦 宇

新发展格局下，中国经济发展所面临的外部环境和内部条件正在发生深刻、复杂的变化，更加包容、绿色的经济增长方式正在成为推动发展的重要动力。为准确获取社会各界对经济发展形势、包容性绿色增长实践及其动态变化趋势的判断，中国社会科学院立项通过了"中国经济形势与包容性绿色增长问题跟踪调查"（项目编号：GQDC2022019）。中国经济形势与包容性绿色增长问题跟踪调查（Inclusive Green Development Follow-up Survey，IGDS），拟联合全国有志于共同推进此主题数据库建设与研究的同仁共同组建课题组，从而推动学界充分进行学术交流、把握全国及各地区经济发展态势，以及为党和政府出台针对性政策措施提供重要参考和咨询。IGDS调查范围共覆盖中国7大地理区域、31个省级行政区和333个地级行政区；被调查对象为全社会在职人员，来源是在各地级行政单位遴选的100名左右调研员；调查方式是通过即时通信和网络平台发放电子问卷；调查时间为2022年第一季度至2024年第四季度（共计12次）。

2022年第一季度调查从2022年3月27日开始，IGDS项目组31名省级督导、400余名市级督导累计对接了10000余名调研员，并通过企业微信、微信、电话、短信和邮件等方式传达了此次问卷的网络在线作答链接。2022年4月12日完成问卷的收集工作，共回收答卷5476份，筛选后保留有效答卷5047份。本次调查主题是包容性营商环境。

从参与调查受访者的地区分布来看，总计4415位受访者提交了地理位置信息，共覆盖中国7大地理区域及31个地区，如图2-1所示。

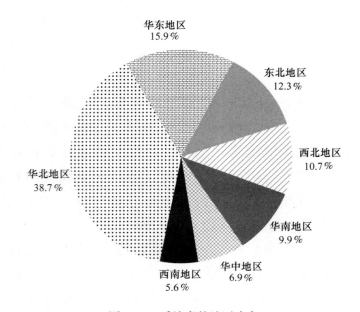

图2-1 受访者的地区分布

资料来源：中国社会科学院包容性绿色增长跟踪调查 IGDS - A202201I - 36 题（全国数据）。

从参与调查受访者的产业结构来看，其中第一产业占比为4.5%，第二产业占比为13.6%，第三产业占比为46.6%。具体覆盖了三次产业下的50个行业，排名前五的行业分别是教育（885人），公共管理、社会保障和社会组织（412人），金融业（292人），农、林、牧、渔业（225人），以及建筑业（154人）（见图2-2）。

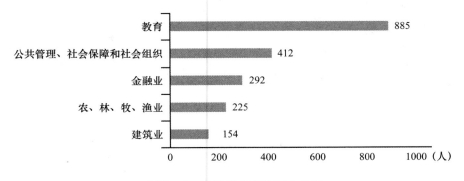

图2-2 受访者从事的行业分布

资料来源：中国社会科学院包容性绿色增长跟踪调查 IGDS - A202201I - 59 题（全国数据）。

从参与调查受访者的年龄分层来看，位于21—40岁的青年组、41—55岁的中年组和56—70岁的老年组共计3648人。其中青年组有2326人，占比为63.8%；中年组有1145人，占比为31.4%；老年组有177人，占比为4.9%（见图2-3）。

从参与调查受访者的性别构成来看（见图2-4），女性占比为52.0%，男性占比为48.0%。

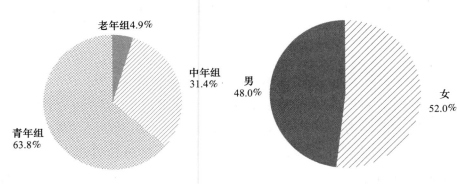

图2-3 受访者的年龄层次分布

资料来源：中国社会科学院包容性绿色增长跟踪调查 IGDS - A202201I - 37 题（全国数据）。

图2-4 受访者的性别构成

资料来源：中国社会科学院包容性绿色增长跟踪调查 IGDS - A202201I - 41 题（全国数据）。

从参与调查受访者的受教育程度来看（见图2-5），具有大学本科学历的受访者最多，占比为43.0%，其次是硕士研究生学历，占比为25.9%，接着依次是大学专科，博士研究生，初中，高中、中专或技校和小学及以下学历，分别占比9.1%、8.2%、6.7%、5.7%和1.4%。

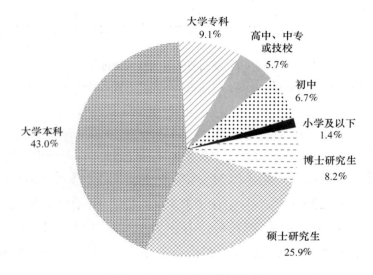

图2-5 受访者的学历分布

资料来源：中国社会科学院包容性绿色增长跟踪调查 IGDS - A202201I - 38 题（全国数据）。

从参与调查受访者的政治面貌来看（见图2-6），中共党员占比最高，为44.0%；其次是群众，占比为35.1%；再次是共青团员，占比为15.3%；最后是民主党派，占比为5.6%。

从参与调查受访者的户籍状况来看，在户口性质方面，非农业户口的受访者占比为72.2%，农业户口占比为27.1%（见图2-7）；在户口登记地方面，登记在所居住的乡（镇、街道）的有1907人，所居住县（县级市、区）的其他乡（镇、街道）的有685人（见图2-8）。

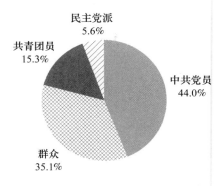

图 2 - 6　受访者的政治面貌

资料来源：中国社会科学院包容性绿色增长跟踪调查 IGDS - A202201I - 44 题（全国数据）。

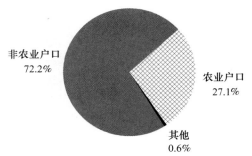

图 2 - 7　受访者的户口性质

资料来源：中国社会科学院包容性绿色增长跟踪调查 IGDS - A202201I - 45 题（全国数据）。

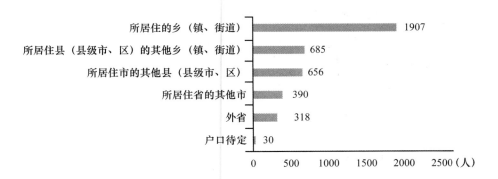

图 2 - 8　受访者的户口登记地

资料来源：中国社会科学院包容性绿色增长跟踪调查 IGDS - A202201I - 46 题（全国数据）。

　　从参与调查受访者的工作情况来看（见图 2 - 9），有工作的受访者占比 81.8%，没有工作的受访者占比 18.2%。从受访者的工作性质来看，排名前三位的分别是事业单位、私营企业和国有及国有控股企业，人数分别为 1153 人、642 人和 585 人（见图 2 - 10）。

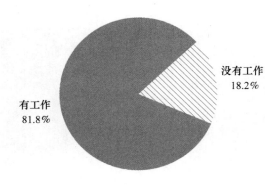

图 2 - 9　受访者的工作情况

资料来源：中国社会科学院包容性绿色增长跟踪调查 IGDS – A202201I – 56 题（全国数据）。

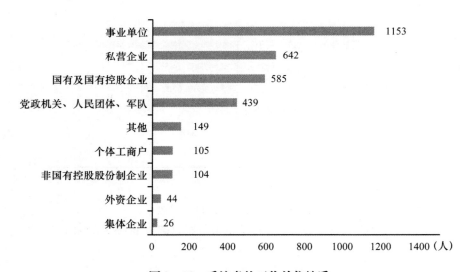

图 2 - 10　受访者的工作单位性质

资料来源：中国社会科学院包容性绿色增长跟踪调查 IGDS – A202201I – 57 题（全国数据）。

从参与调查受访者的收入情况来看（见图 2 - 11），2021 年全年收入区间排名前三的是 3 万—10 万元、11 万—30 万元和 3 万元以下，分别有 1715 人、1039 人和 859 人。

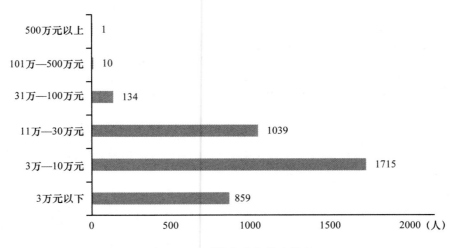

图2-11　受访者的年收入情况

资料来源：中国社会科学院包容性绿色增长跟踪调查IGDS-A202201I-57题（全国数据）。

从参与调查受访者的技术职称分布情况来看（见图2-12），有专业职称的占比为38.4%，其中最多的是中级职称，共842人（见图2-13）；有技术等级的占比为4.2%，其中最多的是中级工，合计118人（见图2-14）。

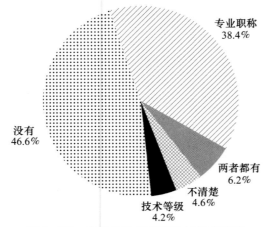

图2-12　受访者的专业职称与技术等级

资料来源：中国社会科学院包容性绿色增长跟踪调查IGDS-A202201I-63题（全国数据）。

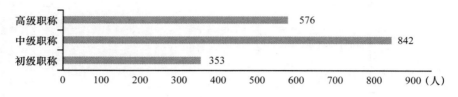

图 2 - 13　受访者的专业职称

资料来源：中国社会科学院包容性绿色增长跟踪调查 IGDS – A202201I – 64 题（全国数据）。

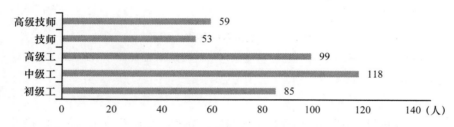

图 2 - 14　受访者的技术等级

资料来源：中国社会科学院包容性绿色增长跟踪调查 IGDS – A202201I – 65 题（全国数据）。

三 中国包容性营商环境调查报告

袁华锡 梁泳梅

（一）中国包容性营商环境调查结果分析

本报告参考既有研究成果，从政府服务、市场秩序、政策优惠、法治建设和税收优惠5个维度系统调研公众对中国包容性营商环境的认知，并对总体营商环境进行系统性分析。

1. 公众对当前包容性营商环境建设总体较为满意，尤其是对法治建设满意程度较高

根据图3-1可知，受访者对当地总体营商环境的满意度普遍较高，平均得分为6.44分（10分制），说明国家长期以来致力于营商环境建设的工作得到了公众的肯定与支持。进一步从营商环境的5个维度来看，法治建设最受公众肯定，得分最高，为6.74分（10分制）。其次是税收优惠政策，得分为6.44分（10分制），这几年国家陆续推出大规模的减税政策，实实在在地让中小微企业感受到了国家税收减免的福利。接着是市场秩序，得分为6.39分（10分制），表明最近几年推进的市场化改革取得了显著成效。然后是政府服务，得分为6.35分（10分制），表明政府在包容性营商环境方面推出的一系列改革措施，确实产生了令人满意的成效。最后是政策优惠，得分为6.29分。

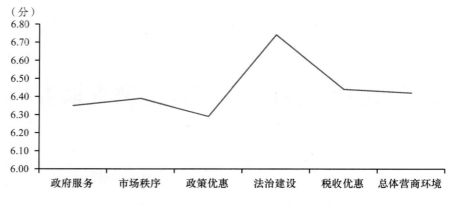

图 3 - 1　受访者对总体营商环境的满意度得分

资料来源：中国社会科学院包容性绿色发展跟踪调查 IGDS – A2022011I – 14 题（全国数据）。

2. 国家在政务服务改革方面的举措深入人心，但任务仍然很艰巨

近年来，国家在政府服务方面持续深入改革，总体来看，取得了不错的成绩，受到了全社会的认可，但问题仍然较为突出，公众对政府管理仍然有很高的期待。具体来看，第一，公众总体感知认为当前去政府办事的方便程度更高了，70.09% 以上的受访者对政府办事方便程度给予了 6 分（10 分制）以上的评分（见图 3 - 2）。第二，70.26% 以上的受访者给予去政府相关网站办事的方便程度打分在 6 分以上，说明当前前往政府网站办理相关业务非常方便，数字化政务服务取得了优异成绩（见图 3 - 3）。第三，45% 以上的受访者认为当地政府和执法机关比以前更加公正廉洁，无论是去政府机关还是执法机关办理业务，都不需要请托关系（见图 3 - 4 和图 3 - 5）。然而，必须引起警觉的是，30% 左右的受访者在办理相关业务时，还是需要找熟人、找关系，清廉的政治生态需要常抓不懈（见图 3 - 4 和图 3 - 5）。第四，国家反腐败工作深得民心，公众对政府反腐败工作的认识和了解比以往更深刻、更支持，有 33.45% 左右（6

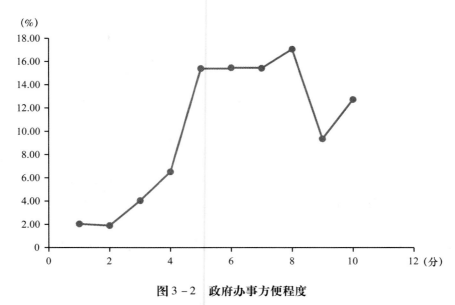

图3-2　政府办事方便程度

资料来源：中国社会科学院包容性绿色发展跟踪调查 IGDS－A202201I－15 题（全国数据）。

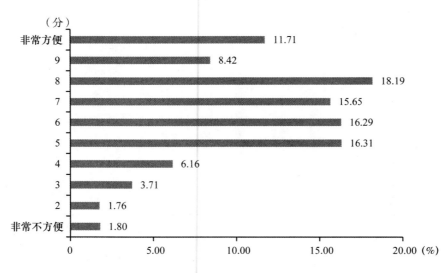

图3-3　政府相关网站办理业务的方便程度

资料来源：中国社会科学院包容性绿色发展跟踪调查 IGDS－A202201I－18 题（全国数据）。

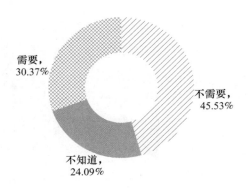

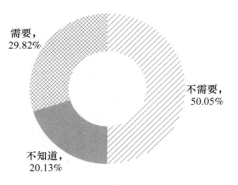

图 3 - 4 您去执法机关办事是
否找熟人

资料来源：中国社会科学院包容性
绿色发展跟踪调查 IGDS – A202201I – 16
题（全国数据）。

图 3 - 5 您周围的人去政府办事
是否需要找熟人

资料来源：中国社会科学院包容性
绿色发展跟踪调查 IGDS – A202201I – 16
题（全国数据）。

分以上）的受访者经常关注当地腐败问题，说明公众对国家政治生活的关注度、敏感度和参与度正在逐步提升（见图 3 –6）。

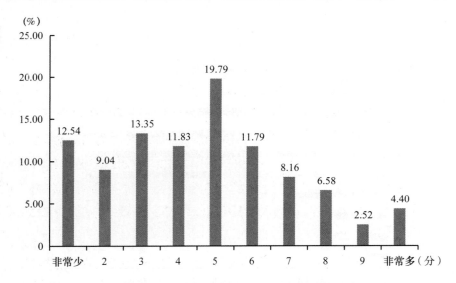

图 3 - 6 您身边熟人日常谈论话题中涉及当地腐败事件的次数

资料来源：中国社会科学院包容性绿色发展跟踪调查 IGDS – A202201I – 19 题
（全国数据）。

3. 持续打造清廉的政治生态，出台更加普惠的政策扶持措施以及提高市场化水平是当前推进包容性营商环境的重要途径

本次调查显示，33.31%的受访者认为清廉的政治生态是影响包容性营商环境最重要的影响因素，24.01%的受访者认为国家政策是影响包容性营商环境最重要的影响因素，22.94%的受访者认为市场化水平是影响包容性营商环境最重要的影响因素，8.30%和6.12%的受访者分别认为人才和自然环境也是影响营商环境改善的重要因素（见图3-7）。由此可见，继续推进反腐败斗争、打造风清气正的政治生态是改善营商环境的关键途径，而更加普惠的国家政策是提高营商环境水平的重要影响因素，发挥市场在资源配置中的决定性作用是推进营商环境改善的重要手段。

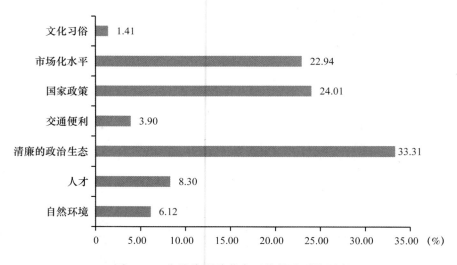

图3-7 您认为影响营商环境最重要的因素

资料来源：中国社会科学院包容性绿色发展跟踪调查 IGDS - A202201I - 20 题（全国数据）。

4. 全社会已经逐渐形成崇尚劳动、尊重劳动的良好局面，并不存在典型的"仇富心理"，个人努力程度得到肯定

本次调研结果显示，46.76%左右（6分以上）的受访者认为当地收入差距处于合理区间，并一致认为个人努力程度、家庭背景以及机遇是造成收入差距的主要因素。具体来看，38.85%的受访者认为个人努力程度是造成收入差距主要的原因，21.60%的受访者认为家庭背景是造成收入差距主要的因素，22.37%的受访者认为机遇是导致收入差距形成的主要因素。换言之，人们并没有因为收入差距扩大而产生所谓的"仇富心理"，而是更加客观地认识到个人努力程度是造成收入差距扩大的重要原因，说明公众对个人劳动、个人努力程度给予了充分的肯定和认可，全社会已经形成崇尚劳动和尊重劳动的良好局面。此外，83.50%以上（6分以上）的受访者对外地人到本地就业和生活持欢迎态度，57.72%以上的受访者对外地人到

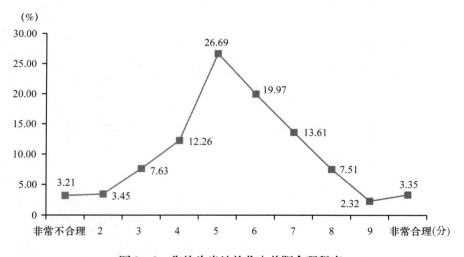

图 3-8　您认为当地的收入差距合理程度

资料来源：中国社会科学院包容性绿色发展跟踪调查 IGDS - A202201I - 22 题（全国数据）。

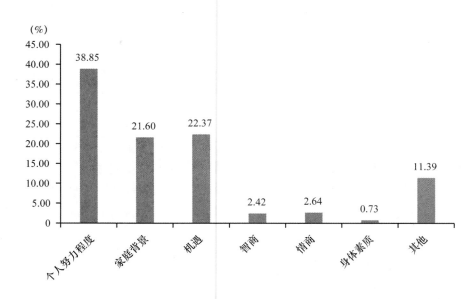

图 3 - 9 您认为造成个人收入差距的主要原因是

资料来源：中国社会科学院包容性绿色发展跟踪调查 IGDS - A202201I - 23 题（全国数据）。

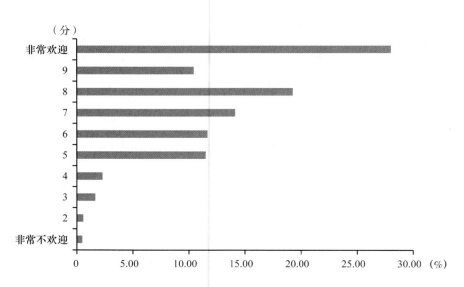

图 3 - 10 您对外地人到本地就业和生活的欢迎程度

资料来源：中国社会科学院包容性绿色发展跟踪调查 IGDS - A202201I - 24 题（全国数据）。

本地就业和生活的欢迎程度打分均在 8 分以上（10 分制），这表明全社会已经形成一种较为开放的氛围，公众对外来人口的排斥度几乎可以忽略不计，持不欢迎态度的受访者比例不超过 17%（5 分以下）。

5. 提升政府公共服务质量、营造公平法治环境以及人才建设是政府未来改善包容性营商环境最重要的三大途径

本次调研结果显示，73.79% 的受访者认为提升公共服务质量是改善营商环境最重要的影响因素，这表明政府仍然是主导营商环境建设的主体，提升政府公共服务质量是改善包容性营商环境的重要途径；62.16% 的受访者认为营造公平的法治环境是改善包容性营商环境的第二大影响因素，营造公平的法治环境是提升包容性营商环境的基础，只有建章立制才能让企业安心经营、放心经营、大胆经营；51.24% 的受访者认为培训和引进人才是改善营商环境的第三个重要的影响因素，说明培训和

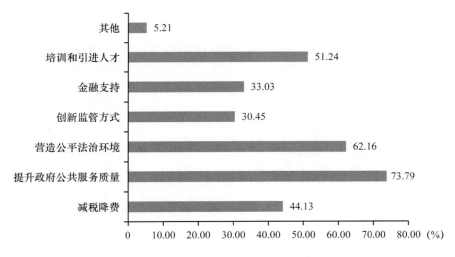

图 3-11　您认为政府需要怎样改善营商环境

资料来源：中国社会科学院包容性绿色发展跟踪调查 IGDS – A202201I – 34 题（全国数据）。

引进人才仍然是改善营商环境的重要任务，人才是建设的根本，是第一生产力，说明全社会已经逐渐认同人才对包容性营商环境建设的重要性。与此同时，44.13%的受访者认为减税降费对改善营商环境较为重要，33.03%的受访者认为金融支持对于改善营商环境具有重要影响，30.45%的受访者强调创新监管方式是改善营商环境的重要途径，以上结果表明公众对政府在减税降费、金融支持以及创新监管方式方面还有更高的期待和更强的愿望，说明政府未来努力提升的空间还很大。

6. 习近平生态文明思想深入人心，经济发展绩效和环保绩效均是政府和公众关注的重要指标

自党的十八大以来，党和国家深入贯彻学习习近平生态文明思想，全社会对生态文明建设的重要性已经形成高度的认同，75%以上（6分以上）的受访者均表示相对于经济发展，当地政府对环境保护的重视程度越来越高。关于当地政府对环境保

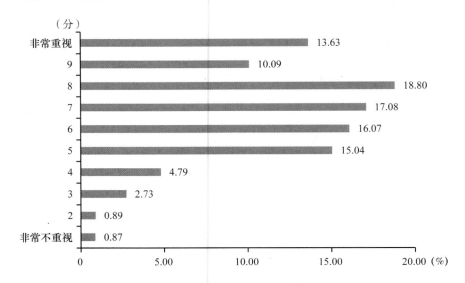

图 3 - 12　您认为相对于经济发展，当地政府对环境污染的重视程度

资料来源：中国社会科学院包容性绿色发展跟踪调查 IGDS - A202201I - 32 题（全国数据）。

护重视程度的平均分为6.99分（10分制）。这表明与以往政府更加专注于经济增长绩效不同的是，当前政府官员更加注重经济增长与环境保护的协同发展，政府官员和社会公众均已经学会并善于使用从生态文明视角去思考本地发展问题，经济增长的包容性和社会包容性水平日渐提升。

7. 中国交通基础设施建设水平较高，包容性营商环境硬件设施建设较为完善，以电动汽车等为代表的新型基础设施建设是未来发展的重要趋势

本次调研结果显示，中国交通基础设施水平可以较好地满足社会需求，77.54%左右（6分以上）的受访者认为本地公共交通出行较为方便，59.34%左右（6分以上）的受访者认为在本地开车出行的堵车程度和概率较低。说明我国以交通基础设施为代表的硬件设施水平已达到一定高度，未来在优化传统基础设施存量的基础上，还应该着重考虑以电动汽车等为代表的

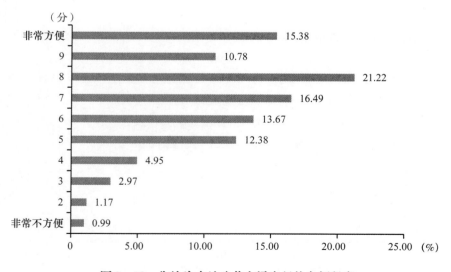

图 3 - 13　您认为本地公共交通出行的方便程度

资料来源：中国社会科学院包容性绿色发展跟踪调查 IGDS – A202201I – 29 题（全国数据）。

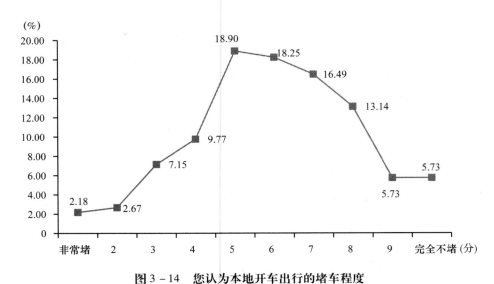

图 3 - 14　您认为本地开车出行的堵车程度

资料来源：中国社会科学院包容性绿色发展跟踪调查 IGDS – A202201I – 30 题（全国数据）。

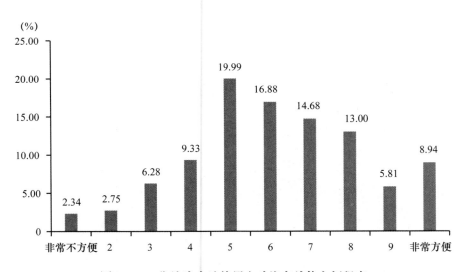

图 3 - 15　您认为本地使用电动汽车总体方便程度

资料来源：中国社会科学院包容性绿色发展跟踪调查 IGDS – A202201I – 31 题（全国数据）。

新型基础设施建设。在本次调研中，60%左右（6分以上）的受访者认为在本地使用电动汽车总体较为方便。

8. 包容性的企业文化初步形成，年轻人在企业中具有较大的上升空间

本次调研结果显示，包容性企业文化初步形成。当企业与员工发生劳资纠纷时，20.05%的受访者认为当地执法机关会更倾向于维护员工的权益，15.91%的受访者认为当地执法机关会倾向于维护企业权益，50.70%的受访者认为要视具体情况而定。由此可见，包容性企业文化初步形成，对员工权益的重视程度日渐提高。此外，57.58%（6分以上）的受访者认为只要在企业努力工作，就可以获得上司的肯定并得到提拔，可见企业的成长环境总体较为公平，个人努力程度和才干是个人发展的重要决定因素。

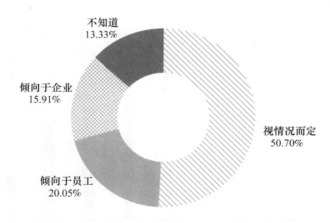

图3-16 当企业与员工发生劳资纠纷时，您认为当地执法机关倾向于企业还是员工权益

资料来源：中国社会科学院包容性绿色发展跟踪调查 IGDS – A2022011 – 26 题（全国数据）。

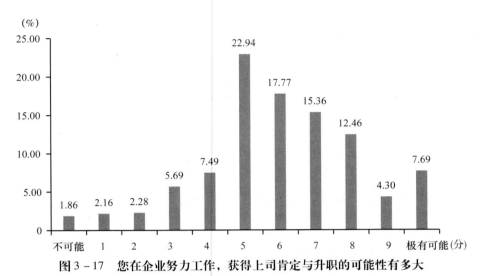

图 3 - 17　您在企业努力工作，获得上司肯定与升职的可能性有多大

资料来源：中国社会科学院包容性绿色发展跟踪调查 IGDS - A202201I - 27 题（全国数据）。

9. 房价过高是制约包容性营商环境建设的重要障碍因素

过去近 15 年是中国房价高速增长的黄金时代。过高的房价

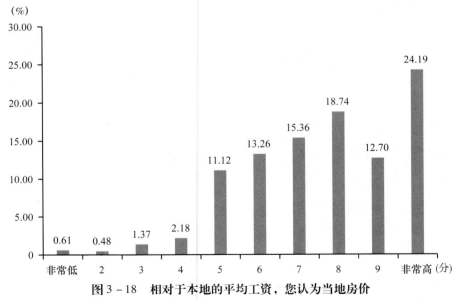

图 3 - 18　相对于本地的平均工资，您认为当地房价

资料来源：中国社会科学院包容性绿色发展跟踪调查 IGDS - A202201I - 33 题（全国数据）。

与较低工资收入之间形成的剪刀差，给全社会带来了较大的不安定因素和一系列社会问题。根据本次调研结果，当前仍然有84.25%（6分以上）的受访者认为当地房价明显超过了本地工资水平。换言之，房价过高是制约年轻人成长和社会需求的重要障碍因素。房价过高问题仍然是中国工薪阶层较大的困扰，更是阻碍包容性营商环境改善的重要因素。

（二）中国包容性营商环境建设的政策建议

本报告结合对中国包容性营商环境调查结果分析，根据国务院颁布的相关文件精神，提出建设全方位、多维度、高水平的包容性营商环境政策建议。

1. 协同推进包容性营商环境的硬件环境和软件环境协调发展，打造高质量发展的中国包容性营商环境

本次调查结果显示，法治建设等软件环境建设成绩显著，尽管政府服务、市场秩序、政策优惠等方面也取得了良好成绩，但距离公众的期待和愿望还有相当一段距离。政府是主导中国包容性营商环境建设的主导力量，如何进一步推进服务型政府建设是摆在各级政府面前的重要难题。提升现代化治理能力是党的十八大以来，习近平总书记对各级领导干部提出的要求和嘱托。如何运用创新思维，坚持从利益者角度思考营商环境建设难题，是亟待解决的重要现实难题。本报告据此提出如下几点建议：

（1）构建包容性的多元化参政议政团队。各级政府可以主动吸收来自科学界、教育界、企业界等的各类专家，组建专业的咨政团队，围绕地方营商环境建设进行深入调研，形成一批卓有成效的调研成果，辅助各级政府进行科学决策，出台更加适宜的政策措施。

（2）着力构建高水平的数字政府和数字政务。本次调研结果

显示，近年来，数字政务建设取得十分令人满意的成绩，70.26%以上的受访者表示去政府相关网站办事较为方便。因此，数字政府和数字服务是未来发展的趋势。各级政府应该进一步发挥大数据技术优势，着力提高数字化政府水平和数字化政务服务能力，促进市场化改革，提高服务效率，降低企业生产成本。

2. 深入推进反腐败斗争，扎实推进清廉建设，努力营造良好政治生态

本次调查结果显示，33.31%的受访者认为清廉的政治生态是影响包容性营商环境最重要的因素。由此可见，持续推进清廉的政治生态建设是大势所趋、民众所愿。但是有约30%的受访者表示，当前前往政府机关或执法机关办事，关系与人情因素仍然非常重要。因此，进一步深入推进反腐败斗争，扎实推进清廉建设，努力营造良好政治生态，应该成为一个长期工作。本报告据此提出如下几点建议：

（1）推进中央巡查巡视制度常态化、制度化，一体推进不能腐、不敢腐、不想腐体系化建设。党中央历来重视反腐败工作，多次强调反腐败工作对于党和国家的重要性。自党的十八大以来，以习近平同志为核心的党中央坚持"零容忍"，持续推进反腐败工作，取得了优异成绩，赢得了党内外一致赞誉。下一阶段，应该一体推进不能腐、不敢腐、不想腐体系化建设，永葆党的生命力和先进性。

（2）构建包括纪检监察机关、媒体和民众在内的多元化监督体系。自党的十八大以来，国家反腐败工作能够取得重要成绩的根本保证是党中央的领导，媒体舆论监督和民众监督在这场反腐败斗争中也发挥了举足轻重的作用。下一步可以考虑如何构建"政府—媒体—公众"等在内的多元化监督体系，形成系列法律法规和制度文件，从而推进反腐败工作取得新的胜利。

3. 推进以新能源电动汽车等在内的新型基础设施是改善包容性营商环境建设的重要举措

本次调研结果显示，77.54%左右的受访者认为本地公共交通出行较为方便，59.34%的受访者认为在本地开车出行的堵车程度和概率较低。说明我国以交通基础设施为代表的硬件设施水平已达到一定高度，未来在优化传统基础设施存量的基础上，还应该着重考虑以电动汽车等为代表的新型基础设施建设。本报告据此提出如下几点建议：

（1）系统布局新型交通基础设施建设，打造以新能源电动汽车为核心的绿色运输体系。交通建设对国家经济发展具有重要影响，同时也是碳排放的重要来源行业。[1] 面对严峻的全球气候变化形势，习近平总书记向世界庄严承诺，中国将力争在2030年前实现碳达峰、2060年前实现碳中和。因此，绿色交通是未来发展的趋势，打造以新能源电动汽车为核心的绿色运输体系应是下一阶段的重点任务。

（2）科学推进5G、物联网、数据中心等新型基础设施建设，为改善包容性营商环境奠定先进的物质基础。基础设施水平是影响国家经济增长的重要因子，[2] 未来的竞争是新型基础设施的竞争。因此，推进以5G、物联网、数据中心等为核心的新型基础设施建设是各国现阶段发展的重点任务。我国新型基础设施建设尚处于起步阶段，未来应该着眼于长远系统规划建设新型基础设施。

---

① R. Zhang et al. ，"Contribution of the Transport Sector to Climate Change Mitigation：Insights from a Global Passenger Transport Model Coupled with a Computable General Equilibrium Model"，*Applied Energy*，Vol. 211，2018，pp. 76－88.

② 周浩、郑筱婷：《交通基础设施质量与经济增长：来自中国铁路提速的证据》，《世界经济》2012年第1期。

四　华北地区包容性营商环境分析

郭淑芬　米　嘉

（一）　华北地区样本分布特征

华北地区被调查对象包括北京市、天津市、河北省、山西省和内蒙古自治区 5 个省级行政区域。本次华北地区调查面较广、回收问卷数量多、有效问卷比例较高，共收到问卷 1543份，其中有效问卷 1520 份。以下是被调查对象个体特征分析：

第一，本次被调查者性别结构相对均衡。从公开的华北地区被调查者的性别结构来看，男性被调查者绝对数为 636 人，女性被调查者绝对数为 884 人，男女被调查者的占比分别为 41.84% 和 58.16%（见图 4 - 1），男女受访人数相当，不存在显著的性别差异。

第二，本次被调查者年龄结构相对合理。从华北地区被调查的受访者年龄来看，涉及 21—40 岁的青年组、41—55 岁的中年组和 56—70 岁的老年组，占比分别为 60.39%、33.86% 和 5.75%（见图 4 - 2）。

第三，本次被调查者学历层次相对较高。从公开的华北地区参与调查受访者学历来看，大学本科人数最多，为 579 人，占总人数的 38.09%；硕士研究生有 286 人，占总人数的 18.82%；博士研究生人数为 67 人，占总人数的 4.41%。总体

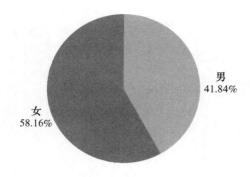

图 4 - 1　调查样本性别分布

资料来源：中国社会科学院包容性绿色发展跟踪调查 IGDS - A202201I - 37、41 题（华北数据）。

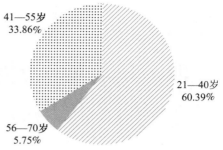

图 4 - 2　调查样本年龄分布

资料来源：中国社会科学院包容性绿色发展跟踪调查 IGDS - A202201I - 37、41 题（华北数据）。

而言，大学本科、专科以上人数占总人数的比重高达 71.32%（见图 4 - 3）。被调查者学历相对较高，这可以较好地保证问卷的完成质量。

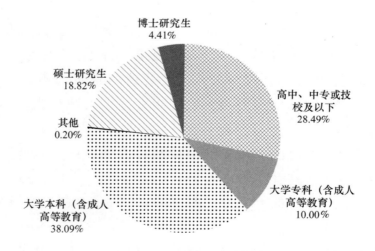

图 4 - 3　调查样本学历分布

资料来源：中国社会科学院包容性绿色发展跟踪调查 IGDS - A202201I - 38、59 题（华北数据）。

第四，本次被调查者工作性质具有一定的分布广度和代表性。从被调查者所属工作单位性质来看，从国有及国有控股企业，非国有控股股份制企业，党政机关、人民团体、军队及各类事业单位到集体企业、私营企业、外资企业及个体工商户等都有涉及（见图4-4）。其中，党政军群及事业单位被调查者占43.23%，来自各类市场主体单位的被调查者占50.17%，这反映被调查者工作性质有着比较均衡的代表性，更能反映社会公众的总体认识。

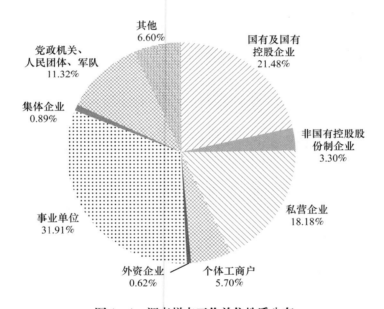

图4-4　调查样本工作单位性质分布

资料来源：中国社会科学院包容性绿色发展跟踪调查 IGDS－A202201I－38、59题（华北数据）。

总体来说，华北地区5省（自治区、直辖市）的调研对象男女比例相当，年龄、学历、行业分布较为合理，调查结果能够较好地反映调研所在城市的经济运行与营商环境的客观事实，整个调查具有较高的科学性与预测性。

（二）华北地区包容性营商环境总况分析

本报告借鉴既有研究成果，从多个维度系统分析公众对华北地区包容性营商环境的感受和认知，对总体营商环境建设情况进行系统性分析，具体结果如下：

1. 被调查者对华北地区包容性营商环境建设评价比较满意，其中对法治建设的满意程度最高

如图 4 - 5 所示，被调查对象对当地营商环境建设的满意度评价得分为 6.19 分（满分 10 分），且分项得分全部在 6 分以上，这表明被调查对象对当地的营商环境建设较为满意，说明在党中央、国务院决策部署下，华北地区持续深化"放管服"改革，聚焦市场主体关切优化营商环境，有效激发和提升市场活力的改革实践得到了社会公众的充分认可。在满意度分项得分中，法治建设（6.57 分）、税收优惠（6.19 分）、总体营商

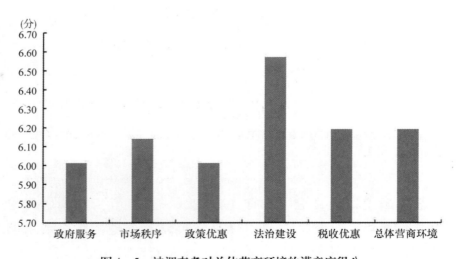

图 4 - 5　被调查者对总体营商环境的满意度得分

资料来源：中国社会科学院包容性绿色发展跟踪调查 IGDS - A2022011 - 14 题（华北数据）。

环境（6.19 分）位居前三名，满意度得分高于或等于总满意度平均分，说明国家及华北地区营商环境法治化建设被公众肯定，也表明已经推出的一系列大规模减税政策，使中小微企业等市场主体切实感受到了国家税收减免福利。得分位列第四名的为市场秩序（6.14 分），表明各地政府在落实包容性营商环境方面推出的维护市场制度的改革政策也产生了实效。相对而言，政府在建设营商环境中应再继续加大服务力度（6.01 分），并出台与落实好相关优惠政策（6.01 分）。

2. 政务服务持续深化改革，政务服务质量与实效得到提高，但仍需持续关注和解决突出问题

近年来，国家在政府服务方面持续深入改革，华北地区推出更多更高质量的服务举措，着力解决好市场主体及群众办事难、办事慢、来回跑、不方便等突出问题，特别是各地强化执行，把深入推进服务便民化作为深化"放管服"改革的主要抓手和突破口，受到了全社会的认可，但实践中的一些问题仍然比较突出，社会公众对政府服务的期待必须得到重视。

具体来看，第一，华北地区被调查者总体感知认为周围的人去政府办事的方便程度比较高，给出 6 分以上的被调查者占到了 63.67%（见图 4 - 6）。第二，对于自己在政府相关网站办事的方便程度，63.28% 的被调查者给出了 6 分以上的评分（见图 4 - 7），说明目前华北地区借助新一代网络数据条件，创新改革思维，打破固有信息壁垒，最大限度整合社会数据资源，不断提高电子政务与政府办公信息化水平，实实在在地为社会带来了便利。第三，图 4 - 8 和图 4 - 9 反映了公众对去执法机关和去政府办事需不需要找熟人的感受。在去政府办事选择里，认为"不需要"的占 41.71%，占据多数，但是仍然有 36.25% 的受访者认为"需要"；而在去执法机关办事的选择里，认为"需要"的占据最高比例，为 38.42%。"找熟人"是与中国传

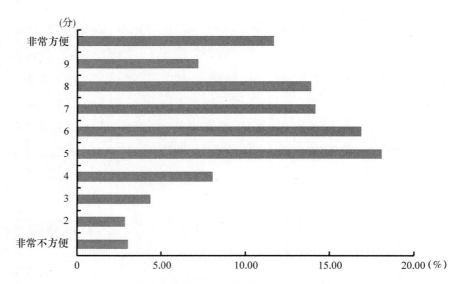

图 4 - 6　被调查者对周围的人去政府办事方便程度评分

资料来源：中国社会科学院包容性绿色发展跟踪调查 IGDS - A202201I - 15 题（华北数据）。

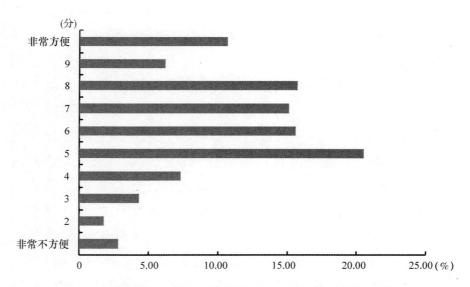

图 4 - 7　被调查者对自己在政府相关网站办理业务的方便程度评分

资料来源：中国社会科学院包容性绿色发展跟踪调查 IGDS - A202201I - 18 题（华北数据）。

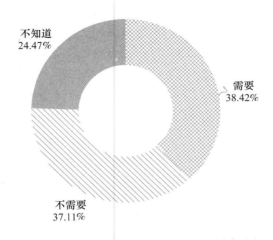

图 4 - 8　周围的人去执法机关办事是否需要找熟人

资料来源：中国社会科学院包容性绿色发展跟踪调查 IGDS - A202201I - 16、17题（华北数据）。

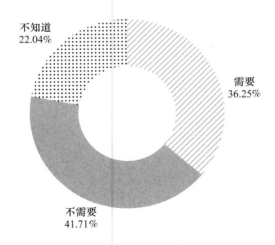

图 4 - 9　周围的人去政府办事是否需要找熟人

资料来源：中国社会科学院包容性绿色发展跟踪调查 IGDS - A202201I - 16、17题（华北数据）。

统观念里的"熟人社会"思想密切相关，这是值得重视的问题，用制度打造更优营商环境，用好的政治环境杜绝"衙门有人好办事""人熟为宝"现象的工作仍应该持续抓好抓实，不断深入。第四，社会非常关注国家反腐败工作，36.06%的被调查者的人际环境显现出对当地腐败事件有着较高的敏感与参与程度（见图4-10）。这从一个侧面反映了党和国持续保持正风肃纪反腐高压态势得到广大群众的认可与支持。

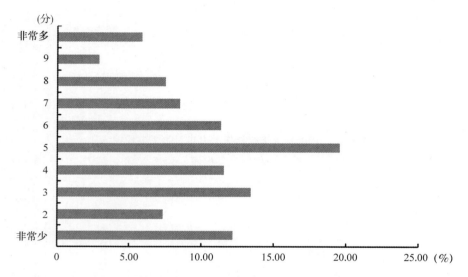

图4-10　被调查者对身边熟人日常谈论话题中涉及当地腐败事件的次数评分

资料来源：中国社会科学院包容性绿色发展跟踪调查 IGDS - A202201I - 19 题（华北数据）。

3. 深入构建包容性营商环境的重要手段包括要营造清廉的政治生态、继续保证国家优惠政策供给以及不断提高市场化水平

如图4-11所示，华北地区被调查对象认为位居前三名的影响营商环境的因素分别为清廉的政治生态（34.21%）、国家政策（21.97%）和市场化水平（21.51%）。此外，人才（8.36%）与自然环境（7.30%）因素也比较重要。前三名因素排序在华北地区整体及华北地区各个省（自治区、直辖市）显现出完全一致的统计特征。

这说明作为营商环境的根本土壤与基础载体，政治生态集

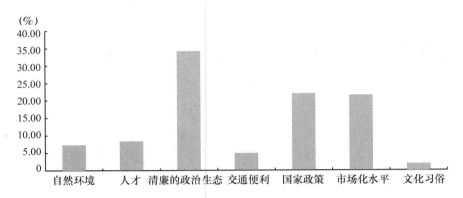

图 4 - 11　影响营商环境建设的因素

资料来源：中国社会科学院包容性绿色发展跟踪调查 IGDS - A202201I - 20 题（华北数据）。

中体现了党风、政风和社风，而营商环境也是政治生态的现实反映与表征。扎实开展政治生态净化、作风建设深化、清廉文化培育是改善营商环境的重中之重。国家政策是营商环境最好的驱动力量。服务政策的逐步科学与便利化、财税政策更加普惠都对营商环境提升有着重要意义。市场环境是助力营商环境提升的基石。特别是在受新冠肺炎疫情冲击的背景下，平稳有序的市场环境对企业而言就是一针"强心剂"。[①] 维护好竞争有序、自由健康的市场环境是改善营商环境的重要手段。

4. 社会总体认为收入差距处在基本合理范围内，个人努力程度被充分肯定，地域排斥现象非常轻微

调查结果显示，在对当地的收入差距合理程度的感受上，给予 6 分以上评分的调查者比例为 41.19%（见图 4 - 12），即当地收入差距处于基本合理的区间。同时认为个人努力程度、家庭背景和机遇是造成现有收入差距的主要因素，具体而言，

---

① 张浛、曹玉臣：《基于"放管服"改革的我国营商环境指标体系构建与评价研究——以陕西省为例》，《价格理论与实践》2021 年第 9 期。

被调查者中有 34.01% 的认为个人努力程度是造成收入差距的主要原因，有 24.74% 的认为家庭背景是造成收入差距的主要因素，有 19.74% 的认为机遇是导致收入差距形成的主要因素（见图 4-13），

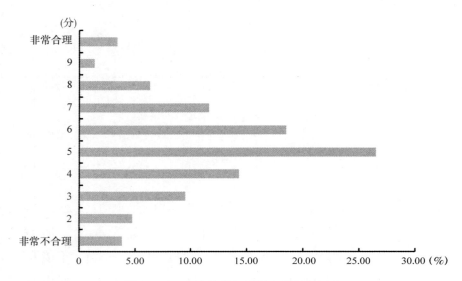

图 4-12　当地的收入差距合理程度评分

资料来源：中国社会科学院包容性绿色发展跟踪调查 IGDS-A202201I-22 题（华北数据）。

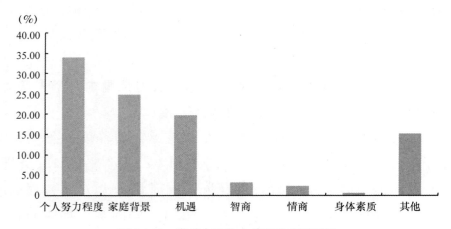

图 4-13　造成个人收入差距的主要原因

资料来源：中国社会科学院包容性绿色发展跟踪调查 IGDS-A202201I-23 题（华北数据）。

这些结果表明社会更倾向于将收入差距归因于个人的努力，也说明在市场经济条件下，个人能力的大小是与收入成正比的关系，能力越强，收入越高，是符合经济发展规律的，而通过个人努力提高个人能力充分调动了人的主观能动性，激发了其创新进取的积极性，积极进取和能力展现被充分肯定和认可。

另外，有78.76%的被调查者对外地人到本地就业和生活持欢迎态度，给予6分以上的评分。如果只观察评分在8分以上的被调查者，比例也过半，达到了51.52%，这说明华北各地社会包容氛围较好。评分为5分以下持有不欢迎态度的比例只有21.25%，4分以下比例仅为5.86%（见图4-14），本地人对外地人的排斥程度非常低。

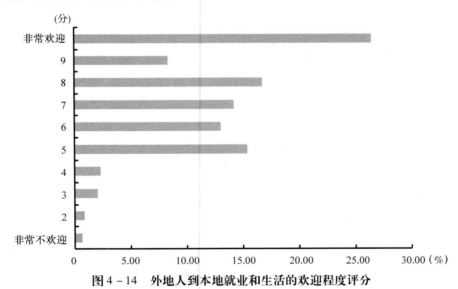

图4-14　外地人到本地就业和生活的欢迎程度评分

资料来源：中国社会科学院包容性绿色发展跟踪调查 IGDS - A202201I - 24 题（华北数据）。

5. 全面提高政府公共服务供给质量、以良法善治营造公平正义的法治环境、加强人才队伍建设是建设包容性营商环境最重要的发力点

图4-15显示了华北地区被调查者认为政府为改善营商环

境应具体发力的领域。74.47%的被调查者认为提升政府的公共
服务质量是政府改善营商环境最应该努力的事项，这表明政府
是营商环境建设的核心力量，政府的优质服务是建构包容性营
商环境的最有力途径；营造公平法治环境是政府改善营商环境
次位应做的重要工作，占选择比例的62.10%，破解营商关系的
主要痛点和短板，使营商环境更具有包容性，关键是加强法治
建设，打牢公平透明的法治基础，进一步构建市场化、法治化
的营商环境；① 52.24%的被调查者认为人才培训与引进也是改
善营商环境的重要手段。说明营造温馨的社会氛围，打造良好
人文环境筑巢引凤，从而逐步建成包容性营商环境，已经逐渐
成为社会基本共识。

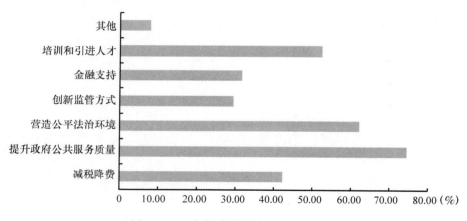

图 4-15　政府需要怎样改善营商环境

资料来源：中国社会科学院包容性绿色发展跟踪调查 IGDS - A202201I - 34 题
（华北数据）。

还应该看到的是，社会公众也在呼唤政府应该通过减税降
费、金融支持和创新监管方式等来实现营商环境的改善，选
择比例分别达到了42.23%、31.64%和29.47%，这在一定

① 于文超、梁平汉：《不确定性、营商环境与民营企业经营活力》，
《中国工业经济》2019 年第 11 期。

程度上反映了社会愿望与政策期待，也给政府工作提供了发力方向。

6. 经济发展和生态环境保护两者关系紧密且不可分割，已成为政府与社会公众的共识

党的十八大以来，以习近平同志为核心的党中央把生态文明建设摆在全局工作的突出位置，全面加强生态文明建设，一体治理山水林田湖草沙，开展了一系列根本性、开创性、长远性工作，决心之大、力度之大、成效之大前所未有，生态文明建设从认识到实践都发生了历史性、转折性、全局性的变化。图4－16显示了被调查者认为相对于经济发展，当地政府对环境污染的重视程度，给予6分以上评分的占到73.09%，华北地区平均分也达到了7.03分（10分制）。这表明，当前各地政府已经基本摒弃单纯追求经济增长的旧有思维，将保护生态环境和发展经济有机统一，使之相辅相成，经济增长对环境的包容

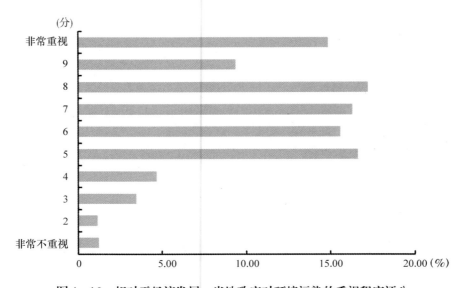

图4－16　相对于经济发展，当地政府对环境污染的重视程度评分

资料来源：中国社会科学院包容性绿色发展跟踪调查 IGDS－A202201I－32 题（华北数据）。

性正在逐步提高。

7. 作为建设包容性营商环境重要的硬件基础，华北地区交通基础设施建设比较完善，社会公众满意程度较高

调查结果显示，华北地区交通基础设施水平基本符合公众期望，75.93% 的被调查者为当地公交出行给予 6 分以上的评分（见图 4 - 17），认为借助公共交通出行方便程度较高；59.67% 的被调查者为当地开车拥堵程度给予 6 分以上的评分（见图 4 - 18），认为开车出行畅通度较高。这两个结果说明了华北地区交通基础设施的建设水平已经达到一定的水准，社会公众满意度较高。此外，除了传统交通基础设施的继续发展，逐渐新增以电动汽车为代表的新能源、清洁能源动力的交通工具，有序推进充电桩、配套电网等基础设施建设，提升公共交通基础设施水平也是应予以重视的方面。调查结果显示，58.62% 的被调查者认为在本地使用电动汽车总体较为方便，给予了 6 分以上的评分（见图 4 - 19）。

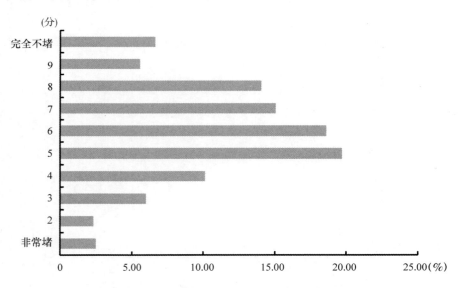

图 4 - 17 本地公共交通出行的方便程度评分

资料来源：中国社会科学院包容性绿色发展跟踪调查 IGDS - A202201I - 29 题（华北数据）。

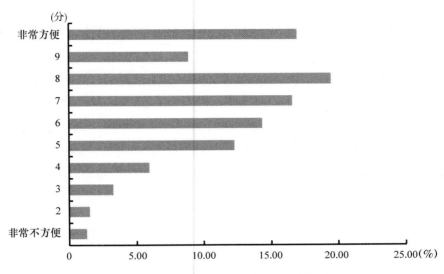

图 4 - 18　本地开车出行的堵车程度评分

资料来源：中国社会科学院包容性绿色发展跟踪调查 IGDS – A202201I – 30 题（华北数据）。

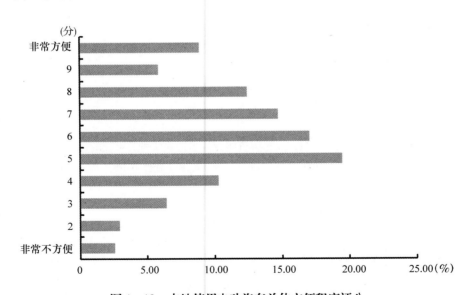

图 4 - 19　本地使用电动汽车总体方便程度评分

资料来源：中国社会科学院包容性绿色发展跟踪调查 IGDS – A202201I – 31 题（华北数据）。

8. 包容性企业文化正处于形成过程之中，青年工作者所在企业的成长环境较为公平公正

调查结果显示，华北地区包容性企业文化仍在形成过程之中，在设定的企业与员工发生劳资纠纷情境中，18.36%的被调查者认为当地执法机关会倾向于维护企业而非员工的权益，17.63%的被调查者则认为会更倾向于维护员工的权益，略低于选择倾向企业者，而47.50%的被调查者认为要视具体情况而定（见图4 - 20）。由此可见，包容性企业文化在华北地区虽然尚

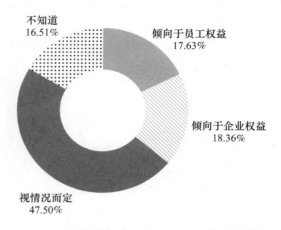

图4 - 20　当企业与员工发生劳资纠纷时当地执法机关可能的倾向性

资料来源：中国社会科学院包容性绿色发展跟踪调查 IGDS - A202201I - 26 题（华北数据）。

未完全形成，但是趋向是积极的，随着政府及有关部门对企业员工权益的重视程度逐步提高，企业职工会有更具包容性的权益维护与待遇获得，分享到改革和营商环境改善的红利。另外，有49.72%的被调查者认为只要在企业努力工作，就可以获得上司的肯定并得到提拔，给予6分以上的评分（见图4 - 21）。这在一定程度上反映了华北地区企业为青年员工营造了一个总体上和谐的

发展环境，青年工作者可以依托这样的公平公正环境，通过努力奋斗和才能施展赢得自我发展的机遇。

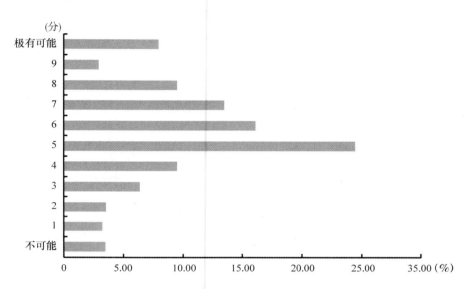

图 4 - 21　在企业努力工作可以获得上司肯定与升职的可能性评分

资料来源：中国社会科学院包容性绿色发展跟踪调查 IGDS - A202201I - 27 题（华北数据）。

9. 建设包容性营商环境面临过高房价因素的掣肘

1998 年，中国开始停止住房实物分配，逐步实行住房货币化改革。过去 20 余年来，我国房地产投资一直保持着高增速。相对于各地平均工资来讲，过高的房价不但在客观上给年轻人的居住品质以及生活品质带来重大的影响，对人才成长和实体经济发展也产生了强烈而庞大的挤出效应。调查结果显示，华北地区被调查者中有 84.48% 的给予 6 分以上的评分（见图 4 - 22），认为所在地房价与工资水平相比，呈现过高的特点。过高的房价已经成为阻碍普通劳动者以及年轻人发展的重要因素之一，也非常不利于包容性营商环境的建设。

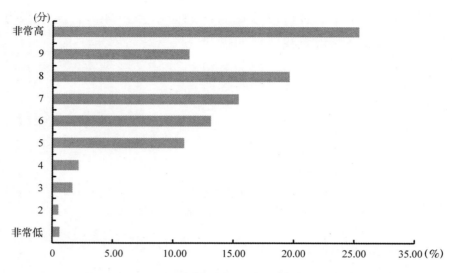

图 4 - 22　相对于本地的平均工资当地房价的高低评分

资料来源：中国社会科学院包容性绿色发展跟踪调查 IGDS – A202201I – 33 题（华北数据）。

（三）华北地区五省（自治区、直辖市）包容性营商环境差异对比

1. 在建设服务型政府的过程中，京津两地显著走在前列，晋冀蒙三地仍存在一定挑战

图 4 – 23 反映的是华北地区五省（自治区、直辖市）对于去执法机关办事需不需要找熟人的感受，北京和天津两地认为"不需要"的比例过半，分别为 54.84% 和 56.25%，显著大于认为"需要"的比例；而在河北和山西则是认为"需要"的比例占据首位，分别为 43.62% 和 40.21%；内蒙古认为"不需要"的最多，但是与认为"需要"的比例比较接近，只相差 3.84 个百分点。

图 4 – 24 反映的是华北地区五省（自治区、直辖市）对于去政府办事需不需要找熟人的感受，北京、天津、内蒙古和山西四地认为"不需要"的占首位，其中京津两地比例皆过

半，分别为 58.06% 和 54.17%，内蒙古为 43.59%，都远远超出了认为"需要"的比例，山西虽然认为"不需要"的最多，但是与认为"需要"的比例非常接近，只相差 1.98 个百

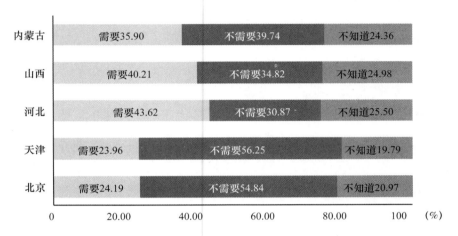

图 4 - 23   周围的人去执法机关办事是否需要找熟人

资料来源：中国社会科学院包容性绿色发展跟踪调查 IGDS - A202201I - 16 题（华北数据）。

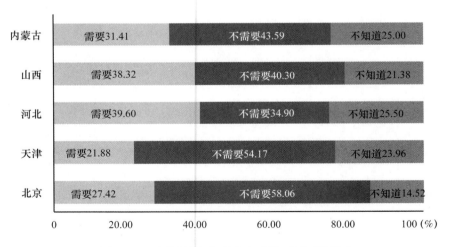

图 4 - 24   周围的人去政府办事是否需要找熟人

资料来源：中国社会科学院包容性绿色发展跟踪调查 IGDS - A202201I - 17 题（华北数据）。

分点；河北则呈现出认为"需要"的比例为最多的情况，以39.60%超出认为"不需要"的比例（34.90%）。河北、山西和内蒙古仍需要进一步推进服务型政府建设，建立服务型政府建设动力机制，使办事流程越来越规范透明，将便民惠民的政策落在实处，真正用服务与制度规则突破关系藩篱。

2. 大学生在入职竞争环境公平程度方面具有明显差异

图4－25反映了大学生在当地寻找工作时是否需要托关系的情况，北京与天津两地认为"不需要"的比例占据首位，且都超过半数，分别为59.68%和54.17%，这表明京津两地大学生在入职竞争中拥有良好的公平竞争环境；而内蒙古和河北两地同样是"不需要"选项占首位，分别为41.03%和40.94%，但是仅比"需要"的比例分别高出3.85个百分点和6.71个百分点，较为接近，这两地大学生入职竞争环境的公平性次之；山西则是认为"需要"的比例最高，为44.47%，比认为"不需要"的32.07%高出12.40个百分点，反映了大学生在山西面

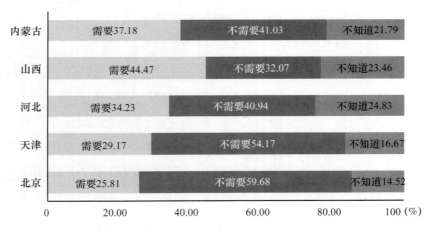

图4－25　身边的大学生在当地找一个平均收入的工作是否需要托关系

资料来源：中国社会科学院包容性绿色发展跟踪调查 IGDS－A202201I－25 题（华北数据）。

对的入职竞争环境形势相对严峻，借助人际关系等社会资源的
现象相对更多。

3. 华北地区的企业文化的包容性存在差异，京津冀蒙四地包容性企业文化初步形成，山西仍在形成的过程中

图4-26显示了在设定的企业与员工发生劳资纠纷情境中，
当地执法机构可能的倾向性，排除"视情况而定"与"不知
道"选项，在京津冀蒙四地，认为会倾向于维护员工权益的都
相对较多，京津两地此项的比例分别达到35.48%和27.08%，
超过会倾向于维护企业权益的比例分别达到了24.19个百分点
和12.50个百分点，河北与内蒙古认为会倾向于维护员工权益
的比例较京津两地低，分别为16.11%和18.59%；而山西则呈
现出相反的结果，认为执法机关会倾向于维护企业权益的比例
更高，为20.15%，大于认为会倾向于维护员工权益的比例
（15.80%）。这从一个侧面反映了北京、天津、河北和内蒙古已
经初步形成了包容性企业文化，而山西则尚未进入此阶段，包
容性企业文化仍然处于形成的过程之中。

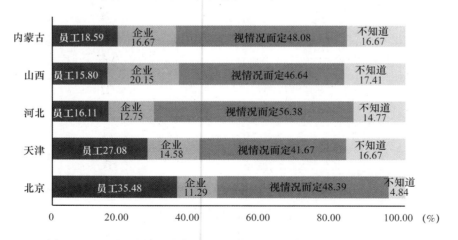

图4-26 当企业与员工发生劳资纠纷时当地执法机关可能的倾向性

资料来源：中国社会科学院包容性绿色发展跟踪调查 IGDS - A202201I - 26 题
（华北数据）。

4. 京冀两地交通基础设施承载压力较大，津晋蒙三地交通硬件服务感受较好

调查结果表明，北京和河北两地在本地开车出行拥堵的概率或者程度较大，特别是对于北京，作为首都和特大城市，评分在1—5分的比例达到了67.74%，本地驾车畅通体验较差，河北在此评分区间的比例为53.70%，被调查者主观感受也欠佳。而天津、内蒙古和山西三地被调查者则认为在本地开车出行的堵车程度和概率较低，评分居于6—10分的比例分别为66.67%、66.03%和61.59%（见图4-27），这说明华北地区以交通基础设施为代表的区域硬件设施建设与服务水平不断提高的同时，以北京为代表的特大城市以及以河北为代表的部分地区，基础设施承载压力负荷较为严重，交通承载饱和度较高，应继续突出重点区域，综合运用科技、经济、法律和必要的行政手段，有效改善绿色出行环境、切实加强交通精细化管理，确保缓解交通拥堵工作取得明显成效。

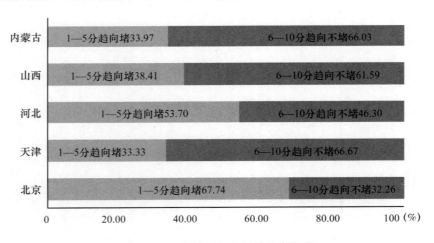

图4-27　本地开车出行的堵车程度

资料来源：中国社会科学院包容性绿色发展跟踪调查 IGDS - A202201I - 30 题（华北数据）。

5. 京津两地与冀晋蒙三地吸引人才的因素存在明显差异

调查结果表明，北京和天津两地被调查者之所以选择在当地工作，首要原因是在那里，他们的下一代可以接受更好的教育。相较于其他原因，更好的教育条件及其为后代带来的更优质的教育环境成为占有压倒性比例优势的首选项，分别为58.06%和54.17%；而在河北、山西和内蒙古，被调查者认为自己在当地工作的首要原因是家乡因素，例如自己就是本地人或者离家较近，且这一选项也成为这三地具有巨大领先优势的首选项，占比分别达到了79.87%、77.01和82.05%（见图4-28）。这说明，京津等中心城市拥有的教育实力，可以提供高品质教育资源，成为其培养人才、吸引人才、留住人才的最重要因素，教育已成为影响营商环境最重要的因素之一。冀晋蒙则需要继续发挥乡情、故土情怀进一步全面、多维度地营造包容性营商环境。

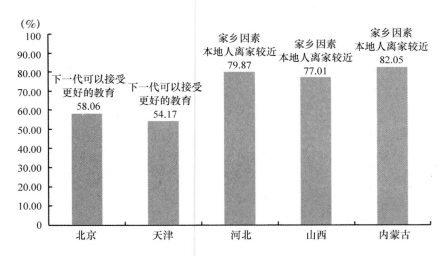

图4-28　选择在当地就业的原因中各地占比最高选项及比例

资料来源：中国社会科学院包容性绿色发展跟踪调查 IGDS-A202201I-21 题（华北数据）。

（四）　山西省构建包容性营商环境的主要进展

1. 全面维护企业职工权益，促进企业与员工的包容性发展，推动包容性企业文化渐趋形成

相对于企业，员工是弱者。建设包容性营商环境，要求不仅要关注企业的利润、关注企业的可持续发展、关注资本的利润与利益，同时也必须要关注员工利益、员工的可持续发展以及关注劳动者的利益与权益。近年来，山西省围绕关注企业员工权益进行了诸多工作，如专门对新冠肺炎疫情防控期间的劳动用工问题进行政策指导，强调要兼顾企业和劳动者双方合法权益。另外，一系列围绕保障企业职工权益的专项行动也不断开展。

图 4 – 29 显示了山西省被调查者认为当企业与员工发生劳资纠纷时，当地执法机关可能的倾向。最大比例选择为"视情况而定"（46.60%），选择倾向于企业的（20.23%）多于选择倾向于员工的（15.78%），也在一定程度上说明了被调查者对

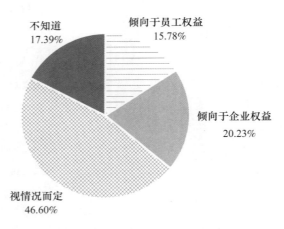

图 4 – 29　当企业与员工发生劳资纠纷时当地执法机关可能的倾向性

资料来源：中国社会科学院包容性绿色发展跟踪调查 IGDS – A2022011 – 26 题（山西省数据）。

员工作为"企业—员工"关系中相对弱势一方可能面对的不利处境的疑虑。

图4-30反映了山西被调查者所感知的个人工作努力程度与向上发展可能性的关系，可以看出，由于营商环境会深刻影响市场环境、法律环境、企业微观人文环境等，所以良好的、具有包容性的营商环境会促进市场主体形成充分重视劳动者工作努力的正向反馈机制。在此题中，得分为5分以上的比例达到71.33%，在一定程度上反映了资本与劳动的包容性。

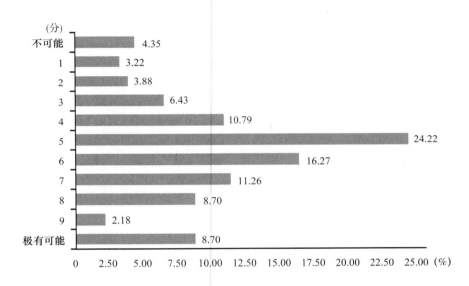

图4-30　在企业努力工作可以获得上司肯定与升职的可能性评分

资料来源：中国社会科学院包容性绿色发展跟踪调查 IGDS – A202201I – 27 题（山西省数据）。

就在本次调研进行期间，山西省开展了维护职工休息休假权益和新就业形态劳动者劳动保障权益专项行动，重点排查整治违反工时制度超时加班问题，依法保障劳动者休息休假权益。专项行动覆盖全省煤炭、安保、银行、制造等重点领域，以及外卖、快递、网约车、同城货运等新就业形态行业的头部企业，切实优化营商环境，维护好这些领域员工的权益，提升其幸福感。

2. 积极维护公平市场环境，促进省外劳动者与企业相互包容与接纳

相对于本地人，外地人是弱者。优秀的营商环境要求破除妨碍各种生产要素市场化配置的体制机制障碍，包容性营商环境的一大应有之义是本区域对其他区域劳动者与企业的接纳，充分实现在遵守国家各项法律的基础上，维护统一的公平竞争制度，规范不当市场竞争和市场干预行为，充分保障跨区域劳动者的权益，真正实现不因为劳动者或者企业所有人来自的区域不同而受到歧视。

早在 2015 年，山西就从一些行业入手，逐步规范对省外企业承揽业务的限制，规定省外入晋建设工程企业将纳入本地建筑市场统一监管。此后，同类的非歧视性政策也在其他行业快速推广。2018 年，山西将外省务工人员纳入公租房保障范围。在原有相关规定的基础上，进一步扩大公租房保障覆盖面，将新就业大学生和外省来晋务工人员等"新市民"群体全部纳入保障范围，实行实物保障与租赁补贴并举，出台租赁补贴政策，推行公租房货币化，引导保障对象到市场租房。2021 年，山西省发改委面向全省各行业协会、商会、企业及其他市场主体公开征集有关市场准入领域不合理限制和隐性壁垒的问题线索。

图 4-31 反映了 IGDS 2022 年第一季度调查山西被调查者对外地人到本地就业和生活的欢迎程度，6 分以上占比为 78.34%，8 分以上的占比为 53.08%，满分"非常欢迎"则占到了 28.29%。该调查从一个侧面表明山西对其他地区人文因素的包容性非常高，山西营商环境初步实现了省外文化的包容性。

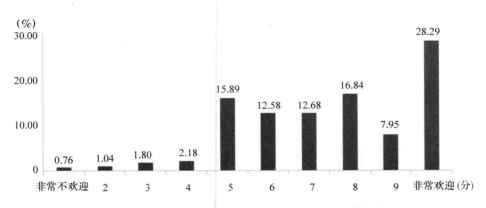

图4-31   外地人到本地就业和生活的欢迎程度评分

资料来源：中国社会科学院包容性绿色发展跟踪调查 IGDS - A202201I - 24 题（山西省数据）。

3. 坚持生态文明思想与实践，促进经济发展与生态环境的包容性共进

相对于自然环境与其他生物，人是强者。包容性的营商环境不仅要关注人、经济与社会的发展，而且要关注整个生态系统的可持续发展。长期以来，资源倚重型的经济结构使得山西一直是全国自然生态环境问题最严重的地区之一，生态环境建设更成为包容性营商环境建设的一大缺口。近年来，山西省高度重视生态可持续发展工作，坚持把习近平生态文明思想作为做好生态环保工作的根本遵循，把环境污染防治攻坚战作为基础性、底线性任务，坚持精准治污、科学治污、依法治污，统筹推进重点污染防治任务落实，坚决打赢打好蓝天、碧水、净土三大保卫战，坚定打好污染防治攻坚战，生态环境质量改善明显。保持力度、延伸深度、拓宽广度，蓝天常驻、绿水长清、黄土复净，加快构建人与自然、经济与环境包容发展的新局面，这也助力了山西营商环境全方位提升。

图4-32显示了山西被调查者对当地政府对于环境污染的重视程度的感受，6分以上的占比为71.42%，8分以上的占比

为41.43%，反映了群众对于山西各级政府高度重视环境可持续发展所做努力的认可，山西的营商环境已经具备一定程度的生态系统的包容性。

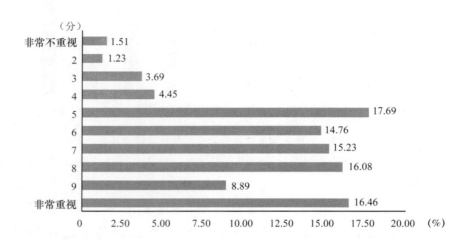

图4-32　相对于经济发展，当地政府对环境污染的重视程度评分

资料来源：中国社会科学院包容性绿色发展跟踪调查 IGDS-A202201I-32 题（山西省数据）。

（五）华北地区进一步优化包容性营商环境的建议思考

基于包容性绿色增长跟踪调查 IGDS 2022 年第一季度华北地区的调查结果，提出如下进一步建设好包容性营商环境的建议。

1. 持续加大营商环境宣传力度，全社会共筑营造优质营商环境的氛围

华北地区的营商环境知晓了解度低于全国平均水平，需要进一步营造优化营商环境工作良好舆论氛围，提升优化营商环境社会参与度和群众知晓率，加快推进优化营商环境工作。各地都应继续将优化营商环境的品牌工程、优新政策、惠企措施、典型做法、经验成效、创新亮点等内容进行解读宣传。既要扎

实开展有关单位和部门的内部宣传工作，将营商环境宣传工作纳入重要议事日程，更要发挥媒体宣传优势，充分发挥报纸、广播、电视等媒体平台作用，利用好政府（部门）门户网站、政务微博、微信公众平台等新媒体平台，开展优化营商环境宣传活动，也要广泛开展行业领域宣传工作，营造良好社会氛围，还要开展进企业送政策活动，有关部门要深入企业，开展涉企政策宣讲，解读介绍国家、区、市、县出台的惠企利民的新政策、新举措，各乡镇（街道）开展形式多样、方式灵活的宣传活动，营造全社会共建浓厚营商环境的氛围。

2. 京津冀营商环境建设贵在克服现实障碍与壁垒，真正实现协调包容

京津冀协同发展战略是党中央、国务院在新的历史条件下做出的重大决策部署，是我国对外开放和现代化建设全局中的重要区域战略。三地营商关系建设除了顾及本地实际，制定切实可行的政策，更要统筹兼顾，打破仍在制约三地协调包容的各种体制机制障碍与各种形式的市场壁垒。如：京津冀三地在行政区划上的分置增加了政府间营商环境合作的难度，导致京津冀营商环境协调机制缺乏有效的组织体系和具体的协作措施，协作领域有限，协作效率不高。营商环境建设与本省市财政税收、群众收益、政绩考核等利益挂钩较多，主体利益诉求多样，区域利益关系难以协调，同时政府数据体量大，政府间的具体协作难度高。实践中，京津冀三地统一市场仍然存在隐性交易壁垒，影响市场主体参与市场活动，阻碍市场资源有效配置等。

这就需要明晰京津冀营商环境的负责单位和组织机制，在此基础之上，通过技术手段和法治保障，加强京津冀营商政务环境合作。要保障市场运行的相对独立性，减少政府作为外部因素对市场的不当干预，促进市场内部要素的合理配置流动，充分利用市场自生的信用道德机制规范市场运行秩序。开展京津冀营商环境评价活动有利于政府相关部门把握京津冀营商环境建设的整体水平和进度，调动工作积极性，及时准确地发现三地营商环境协调机制中的不足，有针对性地调整政策方针，及时补齐短板，达到以评促建的目的，① 在营商环境领域也真正完成"花开三朵，各表一枝"到"瓣瓣不同，却瓣瓣同心"的转变。

3. 晋蒙两地应积极推动营商环境政策向京津冀地区的学习与借鉴继续走向深入

华北地区的京津冀属于东部地区，晋蒙两地属于中西部地区。有研究表明，营商环境对经济高质量发展具有非线性影响，二者之间呈现"先抑后扬"的"U"形关系，我国大多数东部省份和少数西部省份已经跨过拐点，其余省份均位于拐点左侧。由于东中西部地区经济实力悬殊，营商环境建设投资成本也不同，这就使得中部和大多数西部省份营商环境在越过拐点前对经济高质量发展起阻滞作用。因此中西部地区更应加大营商环境建设力度，促进营商环境水平不断提升。②

在已经到来的"十四五"时期，山西省正处于资源型经济从成熟期到衰退期的演变阶段，未来5—10年是转型发展的窗口期、关键期。在营商环境的建设上，应抓住新发展格局构建、新一轮科技革命和产业变革、完成习近平总书记"六新"突破要求、能源革命综合改革试点以及国家资源型经济转型综合配套改革试验区先行先试政策优势等带来的机遇，以"太忻一体化"建设为重要抓手，紧密结合京津冀协同发展、黄河流域生

---

① 于晴晴、张德淼：《京津冀营商环境协调机制的建构》，《河北学刊》2021 年第 4 期。

② 钱丽、魏圆圆、肖仁桥：《营商环境对中国省域经济高质量发展的非线性影响——双元创新的调节效应》，《科技进步与对策》2022 年第 8 期。

态保护和高质量发展等重大国家战略，主动作为。

"十四五"时期，内蒙古自治区也将处在使发展方式粗放，特别是产业发展较多依赖资源开发状况总体得到改变，同时加快构建现代化经济体系，全面提升科技创新能力的关键时期，要实现"两个基地"向高端化、智能化、绿色化加速转型，提高区内东中西部差异化协调发展水平的任务。同样有着落实国家区域重大战略和区域协调发展战略，加强与京津冀、沿黄省份互惠合作，探索"飞地经济"模式，国家促进产业在国内有序转移，与周边省份毗邻地区建立健全协同开放发展机制，以及推动西部陆海新通道和锡赤朝锦陆海通道建设的良好机遇。

晋蒙两地构建包容性营商环境，首先，要敢于突破原有层次，对标京津地区，加快打造市场化、法治化、国际化营商环境。持续推进简政放权，深化证照分离改革，依托"互联网＋监管"系统，加强各类监管信息归集共享和关联整合，以及与京津冀的对接融合。提升监管规范化、精准化、智能化水平，推进对新产业、新业态、新技术、新模式实施包容审慎监管。其次，将构建亲清政商关系推向深化。明晰政商交往红线和底线，全面营造风清气正的政治生态。以企业重大关切为出发点，建立健全企业困难和问题协调解决机制、帮扶和支持机制，拓展政府靠前服务范围，支持民营经济和中小微企业快速发展。最后，建立有助于诚信履约的机制集合。进一步颁布专项政策对各类市场主体保持平等保护、公开公正、诚实守信。切实纠正滥用行政权力排除和限制公平竞争的行为，保护企业合法权益，维护弱势群体利益，提高重点企业和项目所在地人民群众的获得与获得感，降低交易成本，增强投资信心。

4. 华北地区内的后发地区需要继续深耕政府服务效能，使之成为营商关系走向包容发展的主推力量

区域经济发展差距，实质上反映的是营商环境的差距。从调研数据来看，河北、山西、内蒙古等地建设更优营商环境的重点仍然是在提升政府服务的质量和效果上。要让政府服务真正成为市场主体和社会公众办事与解决问题的坚实靠山，正确处理好政府与市场的关系，正确处理好"不可为""必须为""皆可为"的关系，正确处理好权力、责任与利益的关系。

一是要继续营造高效透明的政务环境。增强政策制定执行的科学性和透明度，深入推进"放管服"改革，进一步提高营商便利度等营商事宜改革力度，加强政府廉政建设，提升政府服务效率。[①] 要加强政府廉政建设，提升政府服务效率，让数据多"跑路"、群众少"跑腿"，让企业和群众办事像网购一样方便，把方便让给企业、把"麻烦"留给政府，系统高效营造办事方便的营商氛围。二是继续塑造公平正义的法治环境。强化法治思维。要切实增强法治、规则、契约意识，自觉运用法治思维和法治方式想问题、作决策、办事情，带头尊法学法守法用法，依法处理问题、化解矛盾，杜绝遇事简单"摆平""搞定"，深刻认识与破除由于"熟人关系"思想和行为为社会无形中增加办事成本的现象，以及根源于此的作为非正规补偿手段和关系资本存在的寻租现象。[②] 三是重塑营商环境制度体系。彻底清理地方保护、指定交易、市场壁垒等限制竞争和有碍公平竞争等影响营商环境的地方性法规、政府规章、规范性文件和政策措施。重点在行政许可、招标投标、政府采购、科技立项、标准制定、建筑市场等领域破除垄断，保证各类市场主体享有依法公平参与竞争的机会。

---

① 吕雁琴、陈静、邱康权：《中国营商环境指标体系的构建与评价研究》，《价格理论与实践》2021 年第 4 期。

② 夏后学、谭清美、白俊红：《营商环境、企业寻租与市场创新——来自中国企业营商环境调查的经验证据》，《经济研究》2019 年第 4 期。

5. 从更加重视"小"与"人"来实现营商环境的更加包容

"小"是指有赖于营商环境生存发展的市场主体中那些经营规模较小、资本力量较弱的企业。"人"是指与企业这个概念紧密联系的企业劳动者、员工以及企业所在地的居民。包容性营商环境重在关注相对弱势的一方,在市场主体中,中小型企业、小微企业是相对弱势的,营商环境政策措施的制定,应当精准做好对不同行业、不同区域、不同规模市场主体的支持,尤其是处于整个产业链、供应链关键环节的中小型企业。

要对产业链条上的龙头企业、中型企业、小微企业进行分级分类培育,针对不同类型企业精准施策,让整个产业生态可持续发展。建立相应的协调推进机制,加强金融扶持,利用科技金融、中小型企业基金、资本市场等多元资金保障体系,支持"专精特新"的中小型企业开展技术创新,助力实体经济特别是制造业做实做强做优,提升链条稳定性和竞争力。

在政策实施落地的过程中,要充分考虑到中小微企业对于流程普遍不熟悉的实际,避免其申请过程烦琐、要求提交材料冗杂、周期过于漫长问题的出现,相关部门或第三方应进行大数据分析,再结合实地背景调查,遴选出符合要求或标准的企业给予激励或支持,相关企业无须申请就可以得到对应支持。

要高度关注中小型企业在运行过程中所面临的降本减负等问题。后疫情时代企业线下对接、匹配创新可能成为新的痛点,要探索务求实效的云上创新平台模式,帮助更多创业者取得成功,通过平台整合要素,为中小微企业大幅缩减时间和成本,让它们中的一些也能够成为"百年老店"。

在共同富裕的背景下,关注劳动者收入在国民收入分配中的比例,促进劳资双方的包容发展是应有之义,所以包容性营商环境建设要求将目光更多集中于企业员工的所得所获,当地人民群众的实际幸福感。要树立保障企业职工权益,就是优化营商环境的理念，主动、依法、科学维护职工合法权益，通过指导企业建立和完善职工大会或职工代表大会制度，提高职工参与企业民主管理的积极性。要切实减轻市场主体负担，优化收入分配格局，让减税降费政策红利切实惠及纳税人、缴费人。应积极应对疫情防控期间劳动关系风险挑战，从源头上依法维护职工合法权益，深入民营经济企业扎实开展疫情防控复工复产，增强集体协商，用协商共决方式回应职工合理诉求，从源头上依法维护职工合法权益。发挥工会组织的积极作用，结合各地、各企业实际，落实工会经费返还工作。要充分认识到民生也是营商环境。城市应着力推动便利性、快捷性、宜居性、多样性、公正性、安全性的民生保障和改善，实现各类人才"近悦远来"，实现便商亲商友商的营商环境更具开放、包容、比较优势，激发经济活力和经济红利的持续迸发。

附录　华北地区参与本次问卷调查工作人员

（按汉字拼音字母顺序排序）

IGDS 北京市负责人：杨世伟

IGDS 昌平区负责人：王欣光

管勇攀，刘明，刘亚玲，马达，冉宇鸽，钟秉睿

IGDS 朝阳区负责人：索寒蕾

李钊，刘洋，毛小英，沈永，王炳懿，王慧，魏艳，于志勇

IGDS 大兴区负责人：刘继超

苗汝川，张树亮

IGDS 东城区负责人：彭海伟

崔莹，高航，佟梁慧，张明震

IGDS 房山区负责人：郭楠

陈慧，李伟

IGDS 丰台区负责人：薛钦源

刘芳，张晶石

IGDS 海淀区负责人：戴立

常献伟，成轩达，臧晓明，邹秦琦

IGDS 门头沟区负责人：黄海明

常昊

IGDS 密云区负责人：李雅芳

IGDS 顺义区负责人：王玉茜

徐晓光

IGDS 通州区负责人：李春龙

胡珂，李进选，陶爱仙，王雪红，杨燕

IGDS 西城区负责人：侯圣银

郝燕燕，康渊森，刘瑞东，聂倩，沈晴，肖云峰，许志强，薛斌，张圆

IGDS 延庆区负责人：白慧颖

IGDS 河北省负责人：吴国英

IGDS 保定负责人：杨念

崔悦，刁玲凤，范智杰，罗坤，王斌，王紫萱，杨立杰

IGDS 沧州负责人：郭媛

边忠河，顾大众，张炳春

IGDS 承德负责人：毛爽

部纪春，方方，贾玉峰，姜杰，姜丽，刘冰，刘国柱，毛军利，王强，王彦波，吴小军，杨洪涛，于竟成，张乾坤，张文友，周学芳

IGDS 邯郸负责人：顾瑶

陈慧，郭永飞，解扬子，李莉，刘宇轩，申靓轩，王晨，王冬利，王子豪，吴利飞，吴晓旭，许佳木，张东，张解平，赵延婷，郑伟玲，郑宇

IGDS 衡水负责人：马英芝

崔兴国，李跃青，苏阳

IGDS 廊坊负责人：赵金涛

曹月美，邓华，胡玲玲，贾丽华，贾骁骁，李立民，刘璐，齐超，张志红

IGDS 秦皇岛负责人：闫文

陈健，孙胜显，王淑凤，王一鸣，周坤

IGDS 石家庄负责人：田娟

陈冰野，崔泽然，高凯新，郝乐，李天文，李兮，李耀京，李悦，李秭鑫，刘斐，刘涵，刘佳，刘梦薇，马学斐，孟娜娜，苏青娟，孙雯，王硕，王彤彤，王晓丽，杨延智，尤欣赏，张琦，张绍聪，朱晓晴

IGDS 唐山负责人：董润雨

李可欣

IGDS 邢台负责人：郭晓燕

马合新，任瑞

IGDS 张家口负责人：孙芳

曹露，陈永兵，邸海平，段燕林，刘满平，王淑清，王正红，张林，仲海玉

IGDS 内蒙古自治区负责人：王春枝

IGDS 阿拉善负责人：陈志芳

崔玉洁

IGDS 巴彦淖尔负责人：刘佳

陈凯，冯武香，冯志丽，李玥蓉，刘俊仙，刘玉娥，祁园，苏日格，王雅楠，王义，王玉花，魏璐，徐先军，朱杰

IGDS 包头负责人：王霞

刘延广，王婷婷

IGDS 赤峰负责人：王宗美

韩静，金小卉，李茹，李勇康，李铸伦，林安琦，刘常辉，刘海余，刘浩扬，孟书玉，潘文，孙亚文，王超，王凤国，王俊花，王立新，王立媛，王青洁，王晓阳，王玉民，王哲，温佳旭，杨楠，张凤利，张磊

IGDS 鄂尔多斯负责人：肖云峰

白昊林，陈刚，侯玉娜，李畅文，李萌，刘锦燕，刘艳，吕雅楠，马明利，孟丽丹，孟瑞霞，祁彩霞，祁洋，乔璐，苏娜，王晓刚，王震，武呼和，杨英，于永庄，张斌丽，张家翼，张建侠，张建英，张瑞，张小龙，赵继东，赵鑫，赵越，周秀英

IGDS 呼和浩特负责人：海小辉

安娜，杜瑞霞，高锋，郭亚帆，韩伊超，何超强，华晓龙，马晓凤，萨如拉，汪欣宇，闫炜，张俊莲

IGDS 呼伦贝尔负责人：高爽

包爱琳，董春鹤，多兰，李媛，刘心怡，唐琦，王淑华，王旭轩，于维嘉

IGDS 乌兰察布负责人：王晨光

薛佩霞，杨义霞

IGDS 锡林郭勒负责人：米国芳

席浩田，赵晋轩

IGDS 兴安负责人：郭亚帆

陈玮琪，方晴，高景凤，郭晓丽，李睿，李振宇，刘超，刘娟，刘洋，刘卓，宋海陆，宋晓明，宋英明，王鑫，徐晗，闫昊，闫楷师，杨晓晖，杨晓冕，周宝严

IGDS 山西省负责人：郭淑芬

IGDS 长治负责人：王明亮

白杰，白亮亮，鲍峰华，曹二丽，陈甜蕊，陈晓娟，程会仙，程立群，程丽霞，崔彦香，杜安德，郭晋业，郭可君，侯少文，霍华琴，解静，郎云鹏，李春鹤，李建伟，李杰，李瑞，李文波，李源，李增祥，连和平，梁彩平，梁帅芳，马继红，马敬岳，马翔，牛旭红，平亮，齐英东，秦鸿伟，秦军，任旭礼，石慧智，史彩风，宋峰，索文斌，田光辉，王彩琳，王俊伟，王新来，吴雄飞，宣鹏波，闫毓勇，杨晓伟，于明岩，张帆，张静，张润楠，张少杰，张新建，赵娇艳

IGDS 大同负责人：王爱民

白国梅，柏云杰，曹博文，曹春芳，常栎元，陈红梅，陈妮，程利超，次晋慧，党红程，董利霞，董夏彤，杜海荣，樊珍，葛向华，韩芳，韩巧梅，郝利霞，何国艳，何瑞芳，何志

甫，解江平，靖卫军，李保军，李芳，李丰苗，李佳杰，李建宏，李洁，李文连，李雅娟，李玉芳，李云霞，李真，李子君，连晓红，梁俊枝，刘建军，刘兰兰，刘萍，刘青，刘涛，刘小光，刘晓林，刘雁宏，刘志娟，鲁彩云，吕绍艳，马海英，马冀，马润芝，马晓兰，马瑜，马志英，孟骞，孟小琳，孟月娥，穆涛，潘红宇，潘润芳，庞美英，彭富强，商聪，商亮，师永春，石艳，宋国栋，苏美兰，孙树林，孙耀廷，孙媛，田秋月，王春青，王慧雯，王佳瑶，王丽凤，王玲云，王千才，王秋平，王学飞，王毓，王云飞，魏丹，吴海燕，武艳林，肖瑞燕，邢雅婷，许倩，薛燕佳，闫晓姣，杨白羽，杨晨茂，杨浩基，杨惠，杨翎，杨瑞芳，姚国华，叶风云，尹德玉，尹诗杰，臧颖，张爱芳，张步斌，张二女，张芳芳，张建新，张军，张琴，张亚卿，张煜，张月霞，张梓莹，赵芳，赵素萍，赵雪瑞，周存宏，周海青，周建勇，周亚楠，朱富强

IGDS 晋城负责人：时佳丽

白杰，白丽，陈泽，崔旭艳，冯志男，韩笑，侯冰倩，侯冰雪，吉晋兰，贾永奇，李凯丽，李哲，尚潜，孙佳欣，王飞雪，王杭，王建忠，吴楠囡，许书文，杨培培，张瑞，张艺媛，赵荣荣，郑瑶瑶，郑雨姝

IGDS 晋中负责人：刘晓芸

常宝，郭茜，郭治虎，李凯利，刘玲，刘敏，祁敬宇，申磊，孙凯，王俊杰，王巧巧，吴育红，张桂莲，张桃成，张秀莲，郑道，朱丽琴

IGDS 临汾负责人：薛新宏，陈彬彬

段宁，樊柯麟，丰娇弟，葛晓宏，韩勇，侯添甜，贾文静，靳亚伟，李东泽，刘旭宁，王国琴，王志鹏，张俊，张宇，赵娜

IGDS 吕梁负责人：杨小萍

曹玉贵，车佩锦，陈慧，陈俊英，陈绥远，陈浠，成根平，

崔彩萍，崔文沛，东方豫，杜艳梅，冯彩平，冯珊珊，冯霞，高来西，公韬，郭康珍，郭清娥，呼文军，胡丽华，吉琳镁，吉伟，贾旭亮，焦林菲，解云惠，靳耀芬，雷萌，李殿蛟，李静，李强，李书廷，李向荣，李艳萍，李永梅，李悦，梁鹏，刘便娥，刘健，刘江，刘林勤，刘盼盼，刘晓莲，刘旭平，刘媛林，卢卫永，马爱华，马琪，马晓龙，孟飞，孟计明，孟素梅，苗醇梅，乔永强，任建军，申亚旭，宋宏志，孙慧臣，田锡发，王保勤，王春艳，王利利，王亮亮，王玲，王琦，王润虎，王晓静，王旭琴，王炎武，王颖，温晓艳，武锦霞，闫文慧，杨丽，杨瑞政，殷巍，张从之，张虎才，张晶晶，张晓光，张永强，张雨，赵建成，赵秀奇，赵艳艳，赵志斌

IGDS 朔州负责人：祁贵，赵金山

安占芬，白梅，白美玲，白晓芳，毕彩丽，曹的青，曹利芬，曹秀林，曹仲荣，陈国青，陈润红，池亮亮，崔琴，邓秀芳，翟俊霞，杜丽媛，范志勤，丰春芳，冯学叶，付文军，高彩霞，高峰，耿欢，猴银梅，谷萍女，郭春雪，郭文娟，郭玉婷，郭志华，韩海玲，韩利军，韩利霞，郝海芬，郝文云，郝彦兵，郝政伟，郝志国，何广华，何丽，贺晨明，贺继承，贺玲花，侯玉风，胡学英，胡永利，胡志霞，郇香，冀桂英，贾晓叶，贾兴，蒋吉良，蒋晓艳，解利花，康琴琴，康雪军，兰锜，兰秀清，雷丽霞，李爱莲，李东洲，李飞飞，李海荣，李海燕，李红伟，李建平，李丽琴，李连，李美丽，李美霞，李强，李巧霞，李瑞芬，李淑芳，李小平，李秀花，李雪波，李叶霞，李永峰，李永强，李永清，李玉娟，李云霞，李志平，连晓波，林金花，凌焕平，刘波，刘春敬，刘芳，刘海涛，刘红霞，刘玲玲，刘敏，刘沛，刘鹏龙，刘香玉，刘雅琪，刘彦攻，刘颖，刘元，刘志芳，马文杰，马兴龙，马英枝，门高通，孟锋，孟维华，苗泰宇，苗亚南，聂彩霞，聂二云，潘艮鱼，潘智芳，彭军风，彭银平，秦振兴，任浩博，任志莲，石伟华，

石文婷，石霞，宋艾兰，宋海霞，宋三粉，孙凤燕，孙美红，孙旭，田红霞，田萍，王宝利，王策，王春香，王丹，王国梅，王建明，王丽丽，王亮，王林，王潜，王玮，王文业，王西，王晓龙，王星，王学芳，魏建忠，魏静，魏晓瑜，温彩云，武白女，武建花，武建亭，武晓华，武秀梅，相俊丽，邢海鱼，徐桂丽，徐建国，宣艳，闫海英，杨丽，杨三利，杨树芳，杨顺兰，杨小娜，杨彦梅，杨雁霞，杨振宇，姚文平，叶燕青，尹昊儿，尹慧慧，尹美玲，于宏洲，于永娥，余丽红，余振华，袁昊天，苑喜桃，岳星光，张宝雪，张彩平，张晨波，张东，张芳，张刚，张海平，张涵，张慧娟，张磊，张丽，张丽芬，张利芳，张亮，张美荣，张平，张平女，张少云，张文，张学慧，张瑜，张玉凤，张志利，张作明，赵林杰，赵清平，赵瑞丽，赵旺国，赵霞，赵小丽，赵艳芬，赵云新，郑俊黎，郑润平，周红霞

IGDS 太原负责人：王璟

白武尚，曹碧娟，陈建军，陈琳，陈蒲荣，陈启斌，陈玉峰，陈煜炯，程丽丽，都金玲，范婧，方军，高妍，高远瞩，郭跃华，郝嘉欣，郝凯凯，郝言慧，贾璟琪，李华，李若，李彦翔，李营，李越，李志轩，梁振宇，卢美丽，米嘉，牟陈龙，牛娜，乔丽，邱华东，桑薇，桑越，史琴琴，谭静，田宏辰，万军，王建华，王娜，王睿卿，王小萍，王欣瑶，王星亚，王亚鹏，王尹姗，王永耀，王羽，谢星亮，徐寄娟，徐佳君，许嘉欣，阎俊爱，杨翠平，杨红斌，杨凌，杨旭东，姚娟，殷一帆，于莹，羽佳，张福英，张嘉敏，张金英，张晋楠，张丽华，张锐，张旭，张烨阳，张一帆，张源，赵晨辉，赵国珍，赵惠峰，赵琨，赵美怡，赵瑞盈，赵翌，周荻楠，朱海龙

IGDS 忻州负责人：李丹

薄建华，崔婧，段惠芳，郭华，胡莉娜，解豫芬，李俊杰，李瑞红，李树田，李小红，梁丹，刘瑞丽，鲁二军，鲁文华，

秘洁，齐晓燕，乔海金，邵莉婷，沈建平，石阳，宋梦，田茂，田涛，王换平，王庆军，王梓，谢珺，杨瑞霞，张变玲，张建峰，周会娟，周丽芳，周晓烨，朱力伟

IGDS 阳泉负责人：王智庆

白晓芳，范文婷，冯敏燕，高英，郭文君，黄淼，李红晓，李慧琳，李永幸，李宇贤，吕怀宗，马小莉，任武，尚利强，史治刚，王锋，王福林，王利敏，王少锋，王书龙，王素玲，王昕，邢秀龙，赵富礼，赵瑞，赵瑞智，朱建玲

IGDS 运城负责人：黄解宇

曹泽，陈菲菲，陈娇，程华，关明文，黄蕾，李斌，李莉，李萌，刘勃，刘俊丽，陆文倩，吕芙萍，吕丽君，吕亚萍，马珊，曲占敏，任飞飞，史超，田磊，王俊平，王瑞瑞，王渊，卫兴鹏，武晓妍，谢秋菊，邢勇，杨太祥，杨洋，阴慧芳，张洁卿，张娟娟，张敏，张佩，张世林，张秀娟

IGDS 天津市负责人：霍宝锋

IGDS 北辰区负责人：魏杰

常青，翟天兵，姜云超，李博艺，李翠花，李青，卢学成，孟佳佳，蒲钰，邵桐，沈政杰，王林霞，王舒颖，王鑫，王翊，王月，徐爱华，杨洋，张大龙，张建兵，张健民，张启启，张淑敏，张艳楠

IGDS 宝坻区负责人：刘钰

陈连江，康高峰，李广春，李绍俊，李帅，李艳文，李颖华，刘琳波，潘凤英，孙新然，田宝深，田志国，王桂娟，王海川，王海涛，王学良，杨扬，张东海，张凤杰，张桂霞，赵帅，付饶

IGDS 滨海新区负责人：华欣

张纬地

IGDS 和平区负责人：傅利平

梁春生，张凤林

IGDS 河北区负责人：白学军

陈璇

IGDS 河东区负责人：魏黎

施力文

IGDS 河西区负责人：郭建校

李路遥

IGDS 红桥区负责人：杨琪

霍峥

IGDS 津南区负责人：张俊艳

权超，史友瑄，王江平，王培刚，王文杰，赵红

IGDS 南开区负责人：林润辉

薛宇择，朱君衍

IGDS 武清区负责人：蓝欣

张秀莉

IGDS 西青区负责人：刘戈

王罗佳

五 华东地区包容性营商环境分析

邱海霞

（一） 华东地区样本分布特征

华东地区共回收有效问卷 794 份，占全国的 15.7%。本次被调查对象为在职人员，涵盖了第一、第二、第三产业中不同性别、不同年龄、不同学历的多层次人群。

从被调查对象的地区来看，上海占 19.6%，江苏占 24.8%，浙江占 13.9%，山东占 20.5%，安徽占 21.2%；从产业来看，第一产业占 3.5%，第二产业占 23.5%，第三产业占 73%；从性别来看，男性占 55%，女性占 45%；从年龄来看，21—40 岁占 65.7%，41—55 岁占 29.3%，56—70 岁占 5%；从学历来看，大学本科占 44.4%，硕士研究生占 32.3%，博士研究生占 12.4%，大学专科占 4.6%，高中及以下占 6.3%；从政治面貌来看，中共党员占 45.3%，群众占 30.1%，共青团员占 16.7%，民主党派占 7.9%。总体来说，华东地区的被调查对象地区分布均衡，男女比例相当，产业、年龄、学历、政治面貌分布较为合理，调查结果比较科学、真实，能够反映调研所在地营商环境的客观事实。

（二）华东地区营商环境现状分析

华东地区本次调研的结果显示：公众对当地营商环境建设总体满意；去政府办事、去政府网站办理业务都方便；对外地人来本地就业和生活持欢迎态度；认为当地收入差距比较合理，主要取决于个人努力程度；认为相对于当地平均收入水平，房价偏高；同时，也对构建包容性营商环境提出了期望和要求。

1. 公众对当地的营商环境建设总体满意，高于全国平均水平

华东地区被调查对象对于当地营商环境建设满意度打分为7.26分（10分制），比全国平均分高0.82分，作为经济发达地区，华东地区的营商环境建设明显走在了全国前列。其中，上海市被调查对象对于当地营商环境建设满意度打分为7.7分，浙江省为7.5分，江苏省为7.2分，山东省为7.1分，安徽省为6.9分，华东地区五省（直辖市）之间不均衡，全国各省（自治区、直辖市）之间差距更大，说明各地营商环境建设水平不均衡。在分项打分中，法治建设（7.54分）、市场秩序（7.29分）和总体营商环境（7.28分）满意度打分高于总满意度得分（见图5-1），国家全面推进依法治国、市场化改革取得明显成效；政府服务（7.26分）、税收优惠（7.11分）、政策优惠（7.10分）满意度打分低于总满意度得分，说明政府服务理念服务方式、政策普惠度精准度、税收优惠力度优惠模式与大众的期望之间还存在差距。另外，公众对于当地营商环境建设的了解程度也在一定程度上反映了当地营商环境建设的质量，华东地区被调查对象对当地营商环境了解程度打分为5.77分（10分制），高于全国平均水平，但仍有24.05%的被调查对象对当地营商环境建设了解不够（4分以下），表明营商环境建设的宣传仍有较大提升空间。

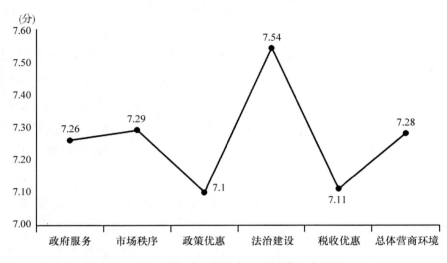

图 5 - 1　公众对总体营商环境的满意度评价

资料来源：中国社会科学院包容性绿色发展跟踪调查 IGDS - A202201I - 14 题（华东地区数据）。

2. 公众对当地政府办事方便程度较为满意

华东地区被调查对象对于去当地政府办事方便程度的满意度打分为 7.42 分（10 分制），82.5% 的被调查对象认为去政府相关网站办理业务方便（6 分以上），比全国平均水平高 12.24 个百分点。党的十七大明确提出建设服务型政府。这些年来，华东地区致力于建设服务于人民、服务于社会的服务型政府，政府职能由"管理型"向"服务型"转变，获得公众普遍认可。也要注意到，虽然政府部门办事方便程度、工作效率逐步提高，但中国人依然受传统观念中的"找熟人好办事"思想影响。本次调研中，华东地区 21.3% 的被调查对象认为周围的人去政府办事需要找熟人，20.9% 的被调查对象认为周围的人去执法机关办事需要找熟人，打造公正透明的政府服务体系任重道远。

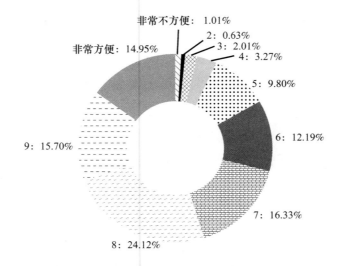

图 5 - 2　公众对政府办事方便程度评价

注：1—10 依次为非常不方便到非常方便。

资料来源：中国社会科学院包容性绿色发展跟踪调查 IGDS - A202201I - 15 题（华东地区数据）。

3. 公众认为影响营商环境最重要的三个因素是清廉的政治生态、国家政策和市场化水平

华东地区 35.80% 的被调查对象认为影响营商环境最重要的因素是清廉的政治生态，27.01% 的被调查对象认为是国家政策，21.48% 的被调查对象认为是市场化水平（见图 5 - 3），与全国基本一致。关于如何改善营商环境，70.73% 的被调查对象认为应该提升政府公共服务质量，64.70% 的被调查对象认为应该营造公平法治环境，48.49% 的被调查对象认为应该减税降费，45.48% 的被调查对象认为应该培训和引进人才（见图 5 - 4）。这说明公众感受到了良好营商环境带来的公正与便利，同时公众对于政府在改善营商环境中的期望是全方位的，希望政府可以进一步构建具有包容性的营商环境。政府公共服务质量方面，有些政府部门的同志为企业服务时，片面避嫌，"不怕不亲，就怕不清"，不敢也不愿深入企业接触企业家，导致服务质量有欠缺；另外，大数据应用不充分，导致政府服务效率偏低。公平法

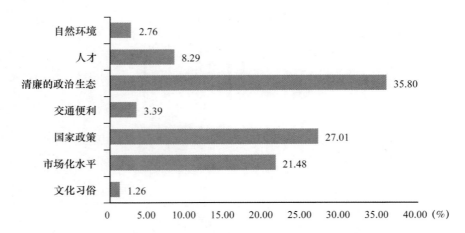

图 5-3 公众认为影响营商环境最重要的因素

资料来源：中国社会科学院包容性绿色发展跟踪调查 IGDS – A202201I – 20 题（华东地区数据）。

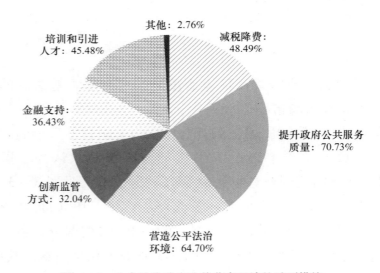

图 5-4 公众认为政府改善营商环境的重要措施

资料来源：中国社会科学院包容性绿色发展跟踪调查 IGDS – A202201I – 34 题（华东地区数据）。

治环境方面，推进营商环境建设是一项大的系统工程，涉及多个职能部门，目前推行的各项改革单兵突进，存在碎片化问题，部门之间工作存在不协调、不畅通的问题。减税降费方面，受新冠肺炎疫情影响，众多企业尤其是中小企业困难重重，亟须政府减税降费，与企业共渡难关。培训和引进人才方面，有的地区在法律、金融、财务、科技、知识产权保护等方面缺乏专业人才，在人才招聘、城市就业培训服务上措施不多，社会组织和行业协会对企业的支持帮扶力度不大，企业招工难、用工难、留人难，已成为制约发展的重要瓶颈。

4. 公众认为造成个人收入差距的主要原因是个人努力程度

华东地区 39.32% 的被调查对象认为造成个人收入差距的主要原因是个人努力程度（见图 5-5），在机遇、家庭背景、情商、智商、身体素质和其他 7 个原因里面高居榜首，与全国基本一致。58.3% 的被调查对象认为当地收入差距合理（6 分以上），高于全国 11.54 个百分点；21.9% 的被调查对象认为可以接受（5 分），低于全国 4.79 个百分点；19.8% 的被调查对象认为不合理（4 分以下），低于全国 6.75 个百分点。华东地区对个人努力的认可度明显高于全国平均水平，也更认可因个人

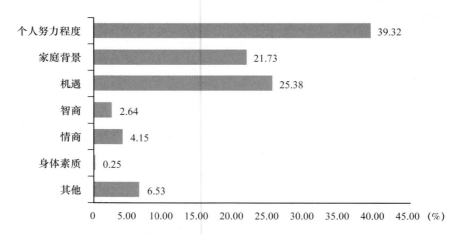

图 5-5　公众认为造成个人收入差距的主要原因

资料来源：中国社会科学院包容性绿色发展跟踪调查 IGDS-A202201I-23 题（华东地区数据）。

努力程度不同造成的收入差距，全社会形成了努力勤奋、积极向上的良好风气。此外，社会开放度高，对外来人员持欢迎态度，61.59%的被调查对象对外地人的欢迎程度打分在8分以上（10分制），高于全国3.87个百分点。

5. 公众认为房价过高是制约包容性营商环境建设的重要障碍因素

相对于本地的平均工资，华东地区91.71%的被调查对象认为当地房价过高（高于6分），比全国平均水平高7.46个百分点。经过二十几年的发展，我国房价已涨到了高位。尽管这两年整体房价有所下滑，但依然没有达到大多数人的心理价位，尤其是华东地区，房价明显高于全国，远远超过本地的工资水平，拉动经济增长的同时，也带来了一系列副作用，削弱了民间消费能力，影响了实体经济发展，给年轻人造成了极大的压力，制约了整个社会包容性营商环境发展。

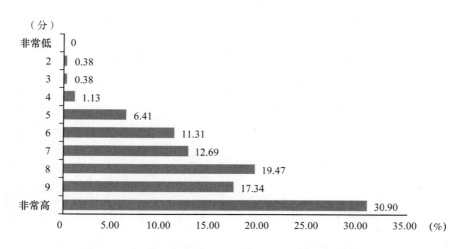

图5-6　相对于本地的平均工资，公众对当地房价的评价

资料来源：中国社会科学院包容性绿色发展跟踪调查 IGDS – A2022011 – 33 题（华东地区数据）。

（三）华东地区营商环境建设实践案例

——以临沂市为例

近年来，临沂市认真贯彻落实国家、山东省工作安排部署，持续深化"放管服"改革，着力提升优化营商环境。2021 年，建立 19 条专线专班，出台《深化"放管服"改革优化营商环境实施方案》《深化"放管服"改革优化营商环境重点任务分工方案》《临沂市优化营商环境创新突破行动实施方案》等系列政策文件，明确 188 项优化营商环境措施，务求实效，真抓实干，优化营商环境工作取得了明显成效。

一是坚持便民惠企原则，着力打造政务服务新生态。推进创新化政务服务。2021 年以来，共有 7 项政务服务创新经验被省级以上采纳和推广。其中，"一次不用跑·全程帮代办"和"沪鲁通办"典型做法被中央改革办简报刊发，"新生儿出生一件事"被国务院职能办推广，"物流一件事""企业休眠制""外国人来临投资工作一件事"等典型做法被省政府办公厅刊发推广，工程建设项目"一件事"被省住建厅纳入全省工改案例。

二是切实加大监管力度，营造公平发展环境。深化"双随机、一公开"。修订随机抽查事项清单，在省级部署 26 项抽查事项的基础上，新增 26 项联合抽查事项，参与部门扩展到 25个。完善抽查对象名录库，构建市级公共信用信息平台，执法人员入库 2343 名，为"双随机、一公开"抽查工作的有序开展奠定了坚实基础。实施"信用监管 + 双随机"，强化信用风险分类结果与"双随机、一公开"抽查的结合运用，实现 5000 余家高等级风险企业主体 100% 抽查。在全省率先实行"日常监测"工作机制。针对上级政策措施推进落实情况、市委市政府部署任务落实情况、营商环境改革创新措施和企业对指标涉及事项办理情况的满意度等，通过定期调度、电话回访、数据核验等方式对各县区、市直有关部门工作情况进行季度监测。同时，对问题整改情况跟进追踪，并督促各级各部门问题整改到位。

三是充分释放政策红利，保障政策落地见效。推动稳就业政策落实落细。实现城镇新增就业 10.2 万人，完成计划的 113.4%。失业人员再就业 3.2 万人，就业困难人员就业 5671 人，分别完成计划的 129.1% 和 153.3%。城镇登记失业率 2.29%，低于 4.5% 的控制目标。着力保障大学生、农民工、就业困难人群的就业，新增就业见习基地 11 家，组织就业见习 2720 人，招募"三支一扶"毕业生 270 人，引领大学生创业 1815 人。开发"临沂零工找活"APP，服务进城务工人员 330 万人次，实现短期灵活就业 310 万人次。

四是加强政企交流，构建和谐政商关系。设立"临沂市企业家日"。出台《关于设立"企业家日"弘扬企业家精神的实施意见》，确定每年 9 月 26 日为临沂市企业家日。建立健全激励发展、关心关爱、企业家培养、工作推进四个机制，弘扬锐意进取、拼搏奉献的企业家精神，在全社会营造尊崇、关爱、支持企业家的良好环境。拓宽企业群众诉求渠道。出台《关于建立临沂市营商环境社会监督员制度的实施方案》，第一批选聘 80 名社会监督员，承担监督办事流程、提出意见建议、宣传创新亮点等职责。截至 2021 年年底，已收集社会监督员意见建议 80 余条。发挥 12345 热线作用，汇集中国政府网、国务院"互联网＋督查"、省"接诉即办"等线上线下渠道 17 个，完善电话、网站、微信、短信、电子信箱"五位一体"诉求受理体系，开通爱山东临沂站、在临沂、爱山东·容沂办"三点一线"移动端受理渠道，实现了民生诉求受理"一线通"。开展"送政策上门"专项行动。梳理各部门涉企政策 81 项，形成《临沂市惠企政策汇编》，分行业、分县区送政策到企业，变"企业找政策"为"政策找企业"。对市级新出台的涉企惠企政策性文件，部门在政策出台的 5 个工作日内，以新闻发布会、制作短视频、发布解读公告等形式做好宣传解读。同时依托政府和部门网站，搭建政策信息发布平台，设立"惠企政策直通车"专栏，集中宣传解读上级和本地鼓励支持企业发展的重大政策。①

（四）华东地区建设包容性营商环境对策建议

1. 加大宣传力度，营造良好社会氛围

一是整合各类优势宣传资源，围绕营商环境重点工作，总结典型经验、工作亮点和成绩，在国家、省、市级党报党媒、重要网站、外文网站和新媒体进行全方位、多层次的宣传，进一步提升华东地区营商环境建设的知名度和美誉度。二是推出营商环境建设专题报道，宣传政府服务企业全生命周期、助力企业发展壮大的典型案例，利用短视频、微信等新媒体及时扩散传播，宣传营商环境，讲好创业故事，营造良好的社会氛围，吸引内外客商到本地投资兴业。

2. 对标先进，奋力赶超

华东地区五省（直辖市）营商环境建设水平不均衡，后进地区应抓住建设全国统一大市场机遇，加快建立统一的市场制度规则，制定一揽子既有普惠制、又有精准性的激励政策，助力打通制约发展的堵点、痛点，促进商品要素资源在更大范围内畅通流动，建设高效规范、公平竞争、充分开放的统一大市场，构建新发展格局，促进华东地区营商环境均衡发展。

3. 创新理念，服务大局

强化服务意识，转变工作作风，整治为官不为，构建亲清的政商关系，厘清政府与市场的边界。政府做到"不错位、不

---

① 资料来源：临沂市营商环境和职能转变领导小组办公室。

越位、不缺位"，简政放权，减少对微观经济的直接干预，为市场主体松绑减负、破礁清障，① 依法严格监管、打击违法违规和失信行为，为企业排忧解难、保驾护航，营造稳定公平透明、可预期的市场环境。② 主动深入企业调研了解情况，充分发挥各类商协会等组织的作用，帮助企业解决实际困难，③ 着力破解发展难题，对企业做到无事不扰、有事不拖、有求不推、有难不避。畅通政商联系沟通机制，建立公共信息平台，完善建议、投诉和反馈处理机制，及时回应企业诉求。④ 建立健全"容错纠错"机制，对创新路上非主观故意的失误行为，与明知故犯的违纪违法行为区分开来，为敢创新担当者撑腰鼓劲，营造支持改革、鼓励创新、宽容失误的环境，保护好干部和企业家的创新积极性，提升干部队伍干事创业的精气神，让企业吃下一心一意谋发展的"定心丸"。⑤

4. 进一步优化体制机制，形成合力

建设包容性营商环境是一个整体，一个系统工程。需要牵头部门，统一调度，统筹安排，汇集多方合力。加强上下级部门协同、衔接和配套，消除政策冲突矛盾，减少因机构间的职能交叉与重叠带来的制度性交易成本。以点带面实施集成改革，

---

① 吴成平：《深化"放管服"改革促进企业发展》，《南方日报》2017 年 11 月 22 日第 3 版。

② 李慧勇：《优化营商环境重在补短板》，《吉林日报》2020 年 7 月 22 日第 12 版。

③ 攀枝花市人大监察和司法委员会：《关于"一府两院"履行职能营造法治化营商环境工作的调研报告》（摘登），《攀枝花日报》2020 年 7 月 4 日第 4 版。

④ 李慧勇：《优化营商环境重在补短板》，《吉林日报》2020 年 7 月 22 日第 12 版。

⑤ 马丽：《"加减乘除"构建"亲""清"新型政商关系》，《廉政瞭望》（上半月）2019 年第 4 期。

将改革重心从单兵突进转向行政管理体制、经济体制、生态文明体制、开发开放体制、城乡发展一体化体制、社会事业体制等领域改革协同并进，健全完善政务服务、基层治理、社会救助、生活服务体系等治理体系，软硬环境一起建，全面优化营商环境，实现治理体系和治理能力现代化。

5. 坚持人才培养和引进两手抓，加强智力支撑

一是选对人才、用好人才，注重"岗位""实干"意识，不为"虚名""学历"所累，不拘一格选拔使用人才。二是对现有人力资源，加强教育培训，着重培养新技能，优化知识结构，提高综合素质，做到人尽其用，以适应新经济发展需要。同时围绕企业的需求，积极引进人才，特别是优先引进本地急需和缺乏人才，优化人才结构，为企业提供人才保障。三是增强职业技能培训，提升劳动者就业、创业能力，拓宽人才招聘渠道，着力解决企业招工难、用工难问题。四是加快干部队伍的交流，分批次选派更多优秀青年骨干到先进地区挂职交流，开阔视野，拓展思维，学习先进经验，借鉴优秀做法，提升创新意识。五是营造吸引人才、留住人才、发展人才的良好环境。六是改善城市环境，提升生活品质，探索更为灵活的人才激励机制，如住房补贴、子女就学、股权激励、个人所得税款返还等激励政策，吸引人才。

6. 加快大数据的整合共享和应用，提供智能服务

一是深化"互联网＋政务服务"，实现"不见面"审批和"最多跑一次"。咨询不见面，受理办理不见面，取件不见面，凭身份证就近打印营业执照，推动政务服务更加智能、透明、便捷，提升办事群众的满意度和获得感，提升市场主体进入市场的便利化程度。打破政务信息交换共享的壁垒，推动服务资源整合联动，实现一体化、智能化、个性化的政务服务，让信

息多"跑腿",群众少"跑路"。二是优化公共服务,提高政府行政效能。加快构建政务服务"一张网",推进各类服务事项预约、申报、办理、查询等全流程网上运行,实现跨部门、跨地区、跨行业"证件联用、信息联通、服务联动"。① 三是升级信息平台,增强技术支撑。充分利用云计算、大数据、人工智能等新一代信息技术手段,不断改进政务服务平台功能,真正做到让民众通过登录网上办事大厅,可以轻松完成在线审批、网上办证、业务查询等办事手续。② 与金融机构合作,跟软件公司定制自助一体机,自助一体机将整合身份验证、人脸识别、质量填报、电子签名、提交审核、证照打印等多个功能模块,可以完成市场主体全程注册申请操作。③ 四是大力推动实体政务大厅、网上政务平台、移动客户端、自助终端、服务热线等综合运用,促进线上线下一体运行,最大限度地便民利民。④

---

① 蔡焘:《关于"放管服"改革的调查与思考》,《重庆行政》(公共论坛)2017 年第 3 期。

② 孙灿:《海南自由贸易港营商政务环境优化研究》,硕士学位论文,郑州大学,2021 年。

③ 易兰丽:《互联网 + 政务服务:让政务更智慧》,《互联网经济》2016 年第 4 期。

④ 李慧勇:《优化营商环境重在补短板》,《吉林日报》2020 年 7 月 22 日第 12 版。

附录　华东地区参与本次问卷调查工作人员

（按汉字拼音字母顺序排序）

IGDS 安徽省负责人：时省

IGDS 安庆负责人：王全忠
江杨平，裴蕾，齐勇松，王飞学，余兴明
IGDS 蚌埠负责人：冯广刚
刘孙丽，马斌，周云蕾
IGDS 池州负责人：吴义根
陈冰，方琴，方一含，郭然然，何涛，胡刚，檀悦，曾珍，张文斌
IGDS 滁州负责人：叶春
刘佳，马宇清，王蕊
IGDS 亳州负责人：韩宸辰
李梦梅，闵冬梅
IGDS 合肥负责人：李军
艾羚，毕宜晨，蔡小琴，曹庆宗，陈默，陈嵘，陈一一，陈忠山，段惠子，葛思义，耿言虎，管幸源，郭蒙蒙，韩丽，何恩伟，胡晓华，黄紫玥，李博洋，李柯，李垒，刘文喆，舒文存，孙雅慧，王金年，王李忠，王青，王锐，王瑞，王云鹏，杨钰琰，俞庆梅，张日旻，张少兵，张晓花，张煜，郑蔚康，朱晨曦，朱峰
IGDS 淮北负责人：贾敬全
张莲
IGDS 淮南负责人：万明
王秋实

IGDS 黄山负责人：郭宏斌

张羽

IGDS 六安负责人：沙国

史于涛，张瑾，张瑶，朱玉嘉

IGDS 马鞍山负责人：陈麦池

陈东峰，陈木茵，董津津，段振宇，韩星照，洪绍明，黄国才，蒋艳梅，李丽，刘蓓蕾，刘成，屈桂春，阮翠，汪五一，王瑞霞，王务均，吴清泉，吴义东，伍琬琳，武优勐，夏益国，肖伟，袁同成

IGDS 宿州负责人：李壮壮

高凤伟，高鹤，蒋超，李耀红，马兰，宁群

IGDS 铜陵负责人：谢瑜

高雯，侯立春，刘琼，姚蕾，张艳

IGDS 芜湖负责人：徐飞

蒋昌峰，冷双梅，未春苗，战英豪

IGDS 宣城负责人：王立平

邱青

IGDS 江苏省负责人：王子敏

IGDS 常州负责人：周科

刘亚男，刘勇军，周犀行

IGDS 淮安负责人：孟大伟

戴静雯，冯梦杰，贾义菊，晋冬，邵运川，夏雁军

IGDS 连云港负责人：孙召港

贺江堂，曲梦婕，孙运华，唐佃芬，严维新，杨光东

IGDS 南京负责人：王子敏

陈晖，陈乐寒，范思贤，季薇，江昕昱，孔德仑，李乐昕，李岩，刘心悦，刘新宇，刘争，吕啸啸，马怀贵，时义花，水祥国，苏红衍，苏润新，孙大松，汪健，王尹，王正一，魏哲，

伍琳瑜，习裕军，邢媛，杨庭知，姚依辰，尹秀娟，余长昊，张焱宁，赵见国，赵金龙，赵云，郑济瀚，周江腾

IGDS 南通负责人：周晶晶

曹旭，储德武，葛佳，何汉卿，胡俊峰，江承隆，刘恩俊，阮佳婧，史益鑫，唐俪菡，袁肖肖，朱加龙

IGDS 苏州负责人：徐星美

陈洪梅，陈苏阳，冯豪琛，凤军，高玲玲，高玉东，江雯哲，林亚萍，刘岩松，钱铭洲，任燕，施琳，汤金松，田丹玥，王建，王忆憧，王煜，吴国华，萧敬腾，许俊杰，杨雪梅，于淼，郁惠慧，张浩，张杰，张启飏，张馨予，赵新新

IGDS 宿迁负责人：嵇正龙

戈磊，杨波

IGDS 泰州负责人：朱义龙

刘慎失，袁泉，朱洪伟

IGDS 无锡负责人：储东巍

董嘉盛，沈希，施俊，王康健，许芳

IGDS 徐州负责人：张军常

宋佳，吴琳，薛军，张德长，张田

IGDS 盐城负责人：李秀文

陈鹏，冯欢，冯璐，关鑫宇，罗祥，唐国民，王艺涵，赵宾兰

IGDS 扬州负责人：薛庆根

胡宏阳，刘厚礼，谈琴

IGDS 镇江负责人：吴继英

高新，李娟，刘梦雅，刘琼，孙蓝天，朱东旦

IGDS 山东省负责人：丁黎黎

IGDS 滨州负责人：陈永芳

于洋

IGDS **东营负责人：魏涛**

李斌，张敏

IGDS **菏泽负责人：冉德蒙**

郭艳俊，江妍妍

IGDS **济南负责人：陈建伟**

纪亚楠，李首涵，李小鹏，刘颂兰，孙海燕，王佳鸣，张倩，张泉

IGDS **济宁负责人：高翠丽**

顾云志，何秋杰，刘永平，岳中华

IGDS **聊城负责人：杨增美**

姜平平，李雨飚，宋婷，魏志鹏，杨香菊，于志军，张文娟，张学强，张学伟

IGDS **临沂负责人：邱海霞**

陈安坤，陈波，高金辉，公素琴，蒋德霞，李继慧，李欣颖，李正洪，刘刚，刘树龙，沈雪莹，陶壮壮，王秀娟，吴鹏，赵越，郑家庆，诸葛祥然

IGDS **青岛负责人：王正巍**

单俊义，韩珂，禾寇旺，王恒，王年生，王莤，王我一，王祯，辛悦，徐瑞波，张菲菲，赵磊，赵明，周明林，朱美辰

IGDS **日照负责人：赵林**

柏婉婷，冯维贺，沈全芳，谭丽荣，童璐，万苏，徐丽丽，赵林，周雨亭

IGDS **泰安负责人：张国勇**

郭长满，林海峰，袁飞，张长丽

IGDS **威海负责人：马磊**

白道涛，戴友榆，金小薇，李一刚，刘旭晶，吴仪，杨宜晨

IGDS **潍坊负责人：刘永杰**

方正，姜忠恺，唐文慧，王文远，周志鹏

IGDS 烟台负责人：徐浩

李旭，吕衡，仲伟刚

IGDS 枣庄负责人：李宇健

孙艳惠，王坤，王伊佑，张琳

IGDS 淄博负责人：孙芳

乔永刚，王兴帅，杨新月，赵立峰

IGDS 上海市负责人：聂永有

IGDS 长宁区负责人：凌建军

丁莹，王海山，王磊

IGDS 崇明区负责人：陈天宇

IGDS 虹口区负责人：余运江

苏宇赫，魏明，薛晶，杨天欣

IGDS 黄浦区负责人：徐利红

马越川

IGDS 金山区负责人：顾明欢

陈杰，刘新宇，陆益，缪伟东，沈燕，孙松，闻连章，吴斌，吴敏强，徐银芳

IGDS 静安区负责人：王甫忠

艾微，费凡，葛丽华，何俏江，嵇俊杰，季闯，姜青松，雷钧，李稼，李巧美，王涵，吴律辰，张海燕，张吉，朱萍

IGDS 闵行区负责人：申朴

陈麟乾，龚玉婷，黄绍军，时昆，隋欢

IGDS 浦东新区负责人：林坚

安广乐，曾祎，常晓坤，付晓平，韩莉，胡卫东，黄钰薇，琚亮，李芳，梁俊，刘丕业，刘先锋，刘玉飞，陆烨，彭锐，沈芳红，沈阳，汪金金，王彬，夏晓春，杨娜，叶亮亮，游建平，张怀凤，周明，诸新萍

IGDS 普陀区负责人：李晓英

曹君君，李明华，柳媛媛，钱浩江，徐炎平，杨平帆，于建平，俞奔

IGDS 青浦区负责人：赵怡

秦承臻

IGDS 松江区负责人：张德南

崔潇丹，李青，梁文轩，王先锋，吴国是，辛献林

IGDS 徐汇区负责人：王旭

董博，李照岳，毛国俊

IGDS 杨浦区负责人：郑妍含

孙卫，王雨霖，吴志祥，徐帅婧

IGDS 浙江省负责人：王学渊

IGDS 杭州负责人：陈庆宾

蔡梦婷，陈晓妍，陈紫琳，董书含，段宇，顾琳怡，何铱，胡康，姜康麒，蒋子文，靳雨涵，李春英，廖泰麟，刘高明，刘瑶锋，潘如月，祁硕，钱佳相，王杉，王瑶瑶，吴竞鞾，谢峰，谢雪琴，徐秋艳，徐玉，许英豪，闫丹，尹渭茸，张咏仪，章捷，郑赵慧子，周东，周鑫，周舟

IGDS 湖州负责人：谭亭亭

方梦媛，李先春，王帅

IGDS 嘉兴负责人：王琳

程宁，李梦，刘洵恺，杨阳

IGDS 金华负责人：翁琳郁

刘君霞，秦丽平，乔涛

IGDS 宁波负责人：赵群

胡怿辰，沈柳君，应燕君，袁红清，张宓，张仟芊，张煜争，张兆英，章志平

IGDS **绍兴负责人：陈景**

董发明，刘广勤，马伟土，蒙晓龙，田显锋，杨冰儿，余敦江，张华明

IGDS **台州负责人：叶韦吟**

洪芙蓉，洪梦瑶，徐静

IGDS **温州负责人：温海霞**

陈景条，李佩娟，徐林丽

IGDS **舟山负责人：贺义雄**

姜书

六　东北地区包容性营商环境分析

王　奥　张　浩　孟楠楠

（一）　东北地区问卷回收情况概述

1. 问卷的设计与发放

东北地区共计回收有效问卷 489 份。受新冠肺炎疫情影响，东北地区调研人员数及问卷回收数与项目组计划略有差距，但整体问卷质量优秀和样本分布结构科学，结果客观科学可预期。

2. 问卷样本的分布及特征

（1）问卷样本结构合理、受教育程度高，有效支撑调研科学性

受访者女性占比为 53.41%（见图 6 - 1）；受访者年龄集中在 20—60 岁（见图 6 - 2）；受访者接受过高等教育的占比超过 90%（见图 6 - 3）；受访者工作单位性质中事业单位和私营企业占比最高，分别为 30.67% 和 25.78%（见图 6 - 4），以上性别比例相当、年龄分布全面、单位性质平均、普遍受过高等教育四项信息为样本分布结构合理的最佳体现。

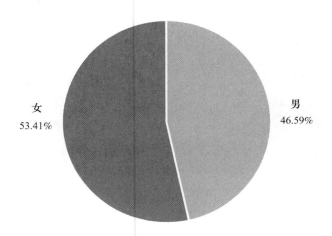

图 6 - 1 问卷受访者性别占比

资料来源：中国社会科学院包容性绿色发展跟踪调查 IGDS – A202201I – 41 题（东北地区数据）。

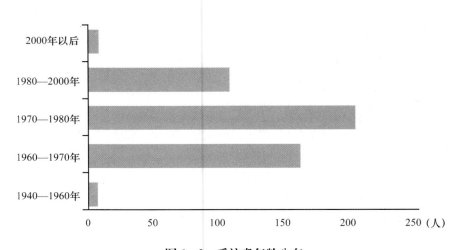

图 6 - 2 受访者年龄分布

资料来源：中国社会科学院包容性绿色发展跟踪调查 IGDS – A202201I – 37 题（东北地区数据）。

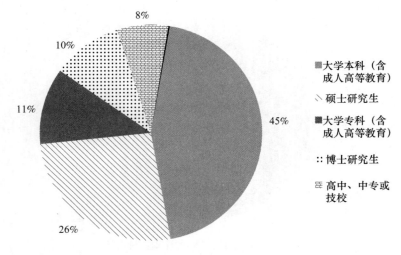

图6-3 受访者受教育程度占比

资料来源：中国社会科学院包容性绿色发展跟踪调查 IGDS - A202201I - 38 题（东北地区数据）。

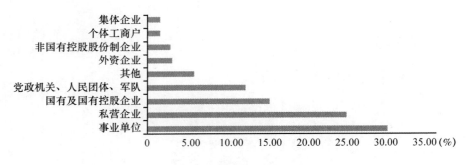

图6-4 受访者单位性质占比

资料来源：中国社会科学院包容性绿色发展跟踪调查 IGDS - A202201I - 57 题（东北地区数据）。

（2）问卷其他重点样本特征分析

受访者政治面貌中共党员与群众占比相当，分别为 38.76% 和 37.75%（见图6-5）；受访者获取信息渠道多元，分析来看互联网和微信占比最高（见图6-6）；受访者目前工作满意程度高（见图6-7）；受访者参加社会保障意识及参与度极高，其中93%参加社会保障，未参加社保的受访者有77%购买了商业性养老保险。综合上述有代表性问题的特征分析，受访者自然状况良好，增强了对营商环境调研判断的科学性和客观性基础。

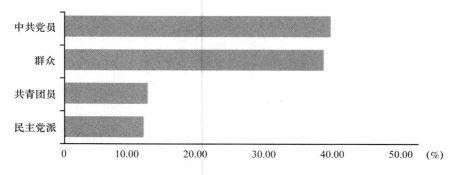

图6-5　受访者政治面貌占比

资料来源：中国社会科学院包容性绿色发展跟踪调查 IGDS - A202201I - 44 题（东北地区数据）。

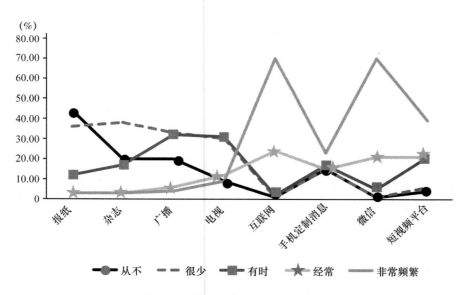

图6-6　受访者获取信息渠道占比

资料来源：中国社会科学院包容性绿色发展跟踪调查 IGDS - A202201I - 55 题（东北地区数据）。

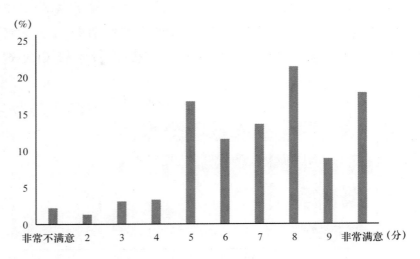

图 6 - 7　受访者工作满意度占比

资料来源：中国社会科学院包容性绿色发展跟踪调查 IGDS - A202201I - 68 题（东北地区数据）。

（二）东北地区营商环境现状分析

习近平主席在博鳌亚洲论坛 2018 年年会开幕式上指出：投资环境就像空气，空气清新才能吸引更多外资。[①] 过去吸引外资主要靠优惠政策，现在更多靠改善投资环境。[②] 东北地区经过经济"冷冬"的历练，营商环境水平大幅提升。基于问卷分析，包容性营商环境总体满意度较高（见表 6 - 1），但得分略低于全国平均分值（6.43 分）[③]；五个细分维度中法治建设满意度最高，税收优惠和市场秩序次之，政策优惠与政府服务得分相对较低。其他诸如：生态环境方面注重经济发展绩效和环境保护

[①] 《习近平谈治国理政》第 1 卷，外文出版社 2018 年版，第 43 页。
[②] 《习近平谈治国理政》第 1 卷，外文出版社 2018 年版，第 112 页。
[③] 问卷设计中所有打分项目满分均为 10 分，以 5 分（含 5 分）为标准，其以下为否定性主观倾向，其以上为肯定性主观倾向。本题定量分析为"不了解"。

绩效双驱动发展；就业宜居方面，地区开放对外来人员欢迎度明显高于全国水平，同时劳动创造未来、努力改变命运的个体发展理念深入人心。以下从四个方面展开总体和细分维度分析。

表 6 - 1　2022 年第一季度东北地区包容性营商环境满意度评价

	政府服务	市场秩序	政策优惠	法治建设	税收优惠	营商环境
平均分	5.78	5.91	5.63	6.25	5.94	5.83

资料来源：中国社会科学院包容性绿色发展跟踪调查 IGDS - A202201I - 57 题（东北地区数据）。

1. 公众对于当前地区营商环境建设总体较为满意，但政策优惠与政府服务维度得分略低，营商环境的包容性不足

"春江水暖鸭先知"，公众对营商环境的变化最为敏感。基于问卷分析，公众对当地营商环境明显改善有普遍共识。营商环境建设中的政务服务便捷度，5G、工业互联网等新型基础设施建设，交通设施、新能源汽车使用便捷度等得到受访者广泛好评。营商环境普遍改善的同时，民营企业、中小微市场主体的普惠性政策，人才引进、科技创新体系搭建等包容性内容建设仍有较大提升空间。

一方面是营商环境总体维度的普遍改善；另一方面是细分维度包容性特征体现不明显。基于问卷来看，48.7%的受访者对当地营商环境建设选择"不了解"选项；政策优惠、政府服务两个维度分值相对较低。总体营商环境建设宣传推广仍未达到"路人皆知"的良好效果；来自政府种类繁多、名称专业的政策与企业特别是中小微企业对接效果有待提升和落地。综上两点，从政府一端到社会一端再到市场一端，政策的宣传推广仍需加大力度；同时地区经济发展的压力、公众政治参与意愿的提升，加之市场主体的多样化，带来政务服务诉求个性化、多样化、复杂性是影响维度分值偏低的主要原因。

2. 多年来的"放管服"改革举措深入人心，行政管理方式开拓创新，透明政府和诚信政府建设有待加速推进

自 2015 年提出以来，"放管服"改革一直是一个全民热词，也是我国优化营商环境建设的重要内容，是激发市场主体活力的重要举措。① 在以"国务院政务服务平台"项目为代表的一批互联网＋政务服务和"数字政府""智慧城市"等新兴技术路径的普及和运用，我国的行政管理方式大踏步地进入了数字化的新阶段，为公众建起"网络政务超市"，办事像网购一样便捷。东北地区同全国其他地区一样，一同分享着数字化带来的技术红利。在数字化推进的同时，倒逼政府流程再造、信息充分共享、各部门交叉职权整合等目标的实现，本身也内嵌于"放管服"改革全过程之中。

透明政府和诚信政府是"放管服"改革重点任务，也是营商环境建设的基础性内容。受传统儒家文化影响，中国社会是个"人情社会"，越小城市、越小范围、越到基层，公众越容易受"人情关系"所影响，出现情感逻辑会超过行政逻辑，"人情大过法"，许多该由法律解决的问题，因面子而私下调解。② 本次问卷设置关于"周围人去执法机关及去政府办事是否需要找熟人"的两道问题，受访者认为需要找熟人的比例分别为 32.99% 和 32.64%，占比均近 1/3（见图 6 - 8 和图 6 - 9）。该题指向政务服务标准化、规范化的透明政府建设。一方面需要加快透明政府推进速度；另一方面深受"关系"影响的公众同样需要个体思想方面的转变。政策优惠维度分值较低原因大体分三个角度，一是政策供给本身不足，即限于当地财力、资源、

① 叶林：《深化放管服改革是我国优化营商环境建设的核心》，《中国市场监管研究》2020 年第 4 期。
② 顾爱华、周环：《基于"差序格局"的行政责任困境探讨》，《行政论坛》2020 年第 1 期。

制度约束等无法（或部分）为社会和市场提供优惠政策；二是政策宣传推广方面不足，如信息不通畅引起的公众对当地营商环境建设总体欠缺了解，或是由于信息不对称而引起相关政策（如科技创新扶持资金的供给）获取中的机会不均等现象；三是政策落地执行方面，如招商承诺不兑现、部分兑现或"新官不理旧账"等诚信政府建设方面的问题。

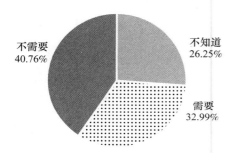

图 6 - 8　周围人去执法部门办事
是否需要找熟人占比

资料来源：中国社会科学院包容性绿色发展跟踪调查 IGDS - A202201I - 16 题（东北地区数据）。

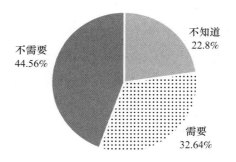

图 6 - 9　周围人去政府机关办事
是否需要找熟人占比

资料来源：中国社会科学院包容性绿色发展跟踪调查 IGDS - A202201I - 17 题（东北地区数据）。

3. 法治建设收获最高人气，清廉政治生态正在持续打造，市场化水平仍需要加大力度继续提高

良好的法治环境是社会主义市场经济的基础。问卷反馈当地法治建设在 5 个细分维度中获得最高分。这与党的十八届四中全会"全面依法治国"推进紧密相关，法治思维渐趋替代"人情思维"。公众认为公平的法治环境是改善营商环境第二重要选项，刚好与辽宁省官方文件明确提出以法治营商环境建设为重点的"法治良好"目标导向相吻合。

"亲清"政商关系是优良营商环境的标志性体现。公众感知影响营商环境最重要的因素中，清廉的政治生态获得 40.1% 的

最高占比（见图 6 - 10）。党的十八大以来，从中央到地方持续推进的高压反腐获得民众高度关注和支持，成为当地政治生态稳定向上的重要支撑。

市场秩序稳定、经济发展可预期是高水平市场的内在要求，也是包容性营商环境建设的必然路径。市场经济、市场机制形成的压力与推力已经成为全世界不得不面对的历史现实，适应它所提出的时代挑战不仅具有必要性而且具有某种必然性。[①] 公众感知的影响营商环境最重要的因素中市场化水平获得 19.17%的占比（见图 6 - 10）。客观来看，相比东南沿海地区，东北地区的市场化水平仍有相当大的提升空间。诸如天寒地冻的气候原因，传统重工业占比高且产业结构单一问题，"人情社会"的文化基因影响，计划经济遗留的思想包袱沉重，"官僚主义"影响下的体制机制弊端等较为复杂综合的原因，影响"让市场在资源配置中起决定性作用"市场化理念的真正落地。

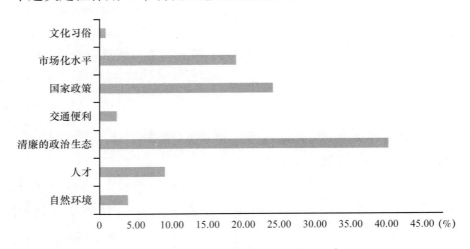

图 6 - 10　影响营商环境最重要的因素

资料来源：中国社会科学院包容性绿色发展跟踪调查 IGDS - A202201I - 20 题（东北地区数据）。

[①]　刘洋、张铭：《关于转型社会政治价值体系建构的几点思考》，《福建论坛》（人文社会科学版）2010 年第 9 期。

4. 经济发展与生态环保双理念驱动，企业、人才等要素的关系良好，基础设施便利宜居环境持续向好

超 60% 的受访者表示，相较于经济发展，环境保护在地区发展中的重要程度越来越高。经济发展与生态环保双理念驱动，也是新阶段、新理念、新格局下东北地区从粗放的高速度发展转变到全面高质量发展的直观体现。受访者对当地政府环境保护重视程度的平均评分为 6.26 分（见图 6 – 11）。

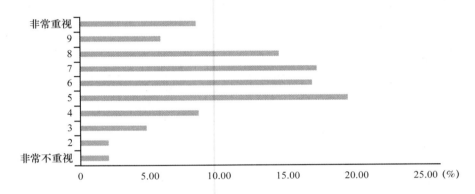

图 6 – 11　受访者对政府环境保护重视程度的满意度占比

资料来源：中国社会科学院包容性绿色发展跟踪调查 IGDS – A202201I – 32 题（东北地区数据）。

企业、人才、知识产权等要素的良好关系和生态宜居的发展氛围是营商环境包容性最前沿的体现。在调查问卷中，企业与员工发生劳资纠纷时当地执法机关的倾向性显示，倾向员工的比例比倾向企业的高出 5.5 个百分点，另有 53.95% 的公众选择视情况而定（见图 6 – 12）。受访者认为个人收入差距的主因是个人努力程度（见图 6 – 13），认为企业内工作晋升渠道通畅。人才引进与培养成为改善当地营商环境最重要选项的第三位，从公众感知到官方政策高度吻合，且开放的东北地区对外来人口欢迎程度明显高于全国（全国受访者非常欢迎外来人口选项占比为

27.92%，东北地区该选项占比为 35.41%）。相对较早和较高的
城镇化水平，城市交通基础设施完备，街道卫生公众感知度高，
包容宜居的环境持续向好。

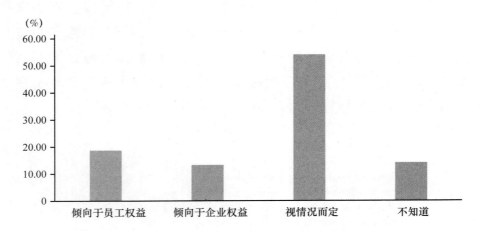

图 6 - 12 受访者对于企业与员工纠纷时执法机关倾向性

资料来源：中国社会科学院包容性绿色发展跟踪调查 IGDS - A202201I - 26 题
（东北地区数据）。

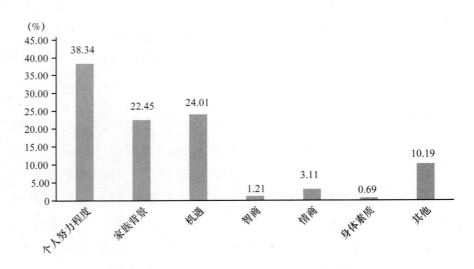

图 6 - 13 受访者选择造成个人收入差距的主要原因占比

资料来源：中国社会科学院包容性绿色发展跟踪调查 IGDS - A202201I - 23 题
（东北地区数据）。

（三）包容性营商环境建设的东北实践

本部分试图以包容性营商环境为视角，以 2020 年为分界线将中国营商环境发展分为探索发展、创新实践两个阶段。并以此来解释东北地区包容性营商环境发展历程。

1. 东北地区包容性营商环境建设的探索实践阶段

营商环境的建设与经济发展紧密相关。党的十八大之初到 2020 年，东北地区经济发展可谓是走出了"过山车"般的经历。与此同步，营商环境建设的推进也在探索实践中不断前行。从 2013 年"法治营商环境建设"目标的提出，到 2015 年"放管服"改革的问世，再到 2018 年国家发改委组织开展的营商环境评价覆盖全部省级区域。跟着全国的步伐，东北地区营商环境的建设渐渐有了起色。本阶段地区经济发展也走出一个"V"形，开始有了起底回升之势。

处于探索实践阶段的东北地区营商环境建设基本体现为，以营商环境评估指标体系为指引，从各个指标方向发力，始终保持营商环境建设水平略优于地区经济发展水平，并从同营商环境紧密相连的经济发展水平入手，渐渐探寻地区经济趋暖回升之路。

2018 年 9 月习近平总书记赴辽宁考察，指出振兴东北地区要把营商环境打造好，要有打破"投资不过山海关"的气势。2019 年三个省份先后出台省级《优化营商环境条例》。这一阶段来自政府层面的各种领域、各层级的营商环境建设举措不断出台，如 2018 年《中共吉林省委　吉林省人民政府关于激发人才活力支持人才创新创业的若干意见》，2019 年《黑龙江省人民政府关于推进"办事不求人"工作的指导意见》，从体制机制、法治环境、市场环境、人才引进、生态环境等方面为后续的营商环境建设、创新发展打下基础。

2. 东北地区包容性营商环境建设的创新发展阶段

国务院《优化营商环境条例》于 2020 年 1 月 1 日正式实施，同年东北三省经济全面实现由负转正。同时，在前期辽宁自贸区、黑龙江自贸区制度创新引领下，东北地区的包容性营商环境建设开始了创新发展阶段。根据中国国家发展改革委《中国营商环境报告 2020》公布的 2020 年全国营商环境评价结果，代表辽宁参评的沈阳市和大连市与代表吉林参评的长春市均进入全国营商环境便利度提升速度最快的 14 个典型城市行列。参评的 18 项指标中来自沈阳市的办理建筑许可、招标投标、执行合同、办理破产、保护中小投资者、知识产权创造保护和运用 6 个指标被评为全国标杆，来自大连的政府采购、跨境贸易、执行合同、包容普惠创新等指标被评为全国标杆，来自长春的政府采购、保护中小投资者、执行合同等指标同样被评为全国标杆。辽宁省的"营商环境体制机制建设"案例，吉林省的"工程建设项目审批全过程'一码通'服务"案例，黑龙江省的"推动'办事不求人'"案例三项进入一省一案例集萃。具体还比如：政务服务标准化建设方面，"沈阳市政务服务标准化"成为国家级"社会管理和公共服务综合标准化试点"，大连市成功入选首批"全国法治政府建设示范市"等。

创新发展阶段的营商环境建设已经不仅仅是对营商环境评估指标体系的基本适应，而是注意营商环境建设多要素的包容性发展。本阶段出台普惠政策，同时注意政策的差异化和地域特色，且呈现出更高的包容性。特别是辽宁将营商环境摆在战略层面高度，于 2020 年 9 月提出打造"办事方便、法治良好、成本竞争力强、生态宜居"的营商环境，该目标导向被写入《辽宁省营商环境建设行动方案（2021—2025 年）》。法治营商环境建设方面，2022 年 1 月，《辽宁省纪委监委营商环境监督行动方案》继续进行政法队伍整顿，持续向优良法治营商环境、培育清廉政治生态方向发力。黑龙江省打造的吸引全国人才"再闯关东"专项人气极高。三个省份也在经济发展势头好转的基础上，制定符合当地发展规律的经济发展战略。如辽宁的"一圈一带两区"战略，吉林的"一主六双"高质量发展战略，黑龙江的中长期科技发展"1368"研发方向。

与此同时，东北地区仍然面临人口外流，市场主体数量少、活力弱，法治营商环境短板，信用环境短板，人才政策供给不足，企业获得感、满意度不高等普遍共性的问题。

3. 城市包容性营商环境建设的营口实践①

营商环境是一个城市软实力的直观体现，直观展现一个城市的开放性、包容性、韧性、创新性和可预期性。包容性营商环境纳入了城市发展中的政商关系、城乡关系、劳资关系、经济发展与生态环境关系等重要因素的关系平衡，营商环境的优良直接表现在这些因素的包容性共存上。河海营口，开放、包容的城市品格与生俱来，营口城市的包容性建设实践是一个很有意义的探索实践。

作为东北地区民营化程度最高、民营经济最活跃的城市，②营口民营经济占地区生产总值的比重历史性突破81%。2022年辽宁省政府工作报告提出"支持营口在民营经济发展上为全省做出示范"，在建设市场化、法治化、国际化营商环境目标指引

---

① 案例结合笔者团队在IGDS项目调研组组建过程经历，基于本地区省（市）委省（市）政府工作报告，实地调研营口市营商环境建设局、营口市委政法委、营口市发展改革委、辽宁自贸区营口片区、东北钢琴厂、营口站前区人力资源产业园、营口仙人岛经济开发区管委会及园区内代表企业。

② 徐鑫：《敢做探路者　勇当排头兵　营口倾力建设全省民营经济标杆城市》，《辽宁日报》2022年1月21日第8版。

下，包容性营商环境建设全面贯彻办事方便，法治良好，成本竞争力强，生态宜居发展总要求。开启了"建设全省民营经济标杆城市"的建设之路。

至 2021 年年底，营口市实有各类市场主体 274340 户，同比增长 5.90%，同年新设各类市场主体 40624 户。全年新增减税降费 7.2 亿元，降低用电成本 5.5 亿元，"金小二"综合金融服务平台注册企业超过 1.6 万家，实现融资 106 亿元。破获制售假冒伪劣商品案件 30 起，侦破制假售假品牌箱包案，被公安部列为典型案例。以下从政务服务、法治政府、信用环境和社会环境四个维度就包容性营商环境实践进行梳理（见表 6-2）。

表 6-2　　　　　　　营口市包容性营商环境实践四维度分析

	政务服务 （聚焦办事方便）	法治政府 （聚焦法治良好）	信用环境 （聚焦成本竞争力强）	社会环境 （聚焦生态宜居）
重要举措	1. 市营商环境建设局与市行政审批两局合并 2. "小切口、微改革、跨领域、重实效"原则 3. 12345 工作思路	1. 组建法治营商环境建设工作专班 2. 政法干警优化营商环境"十二个禁"	1. 营口市社会信用体系建设领导小组 2. 实施涉企政策"刚性兑现"行动	1. 启动本市"英才计划" 2. 城市通力合作投入"文明城市"创建
突出亮点	1. "医保在线支付＋送药上门"模式全国领先 2. 工程建设项目审批全过程最长不超过 58 个工作日	1. 设立市场主体绿色通道，当天立案登记率 100%，审结商事案件 2178 件，执行 43.06 亿元 2. 服务百家企业"五个一"专项	1. 2021 年成功获批第三批全国社会信用体系建设示范区 2. 2021 年 6 月综合信用指数全国地级市中排名第 22 位 3. 2020 年营口片区"多领域实施包容免罚清单模式"被列入国务院第六批全国复制推广改革试点经验向全国复制推广	1. 2020 年成功入选"中国最具幸福感城市" 2. "国家森林城市"称号

续表

	政务服务 （聚焦办事方便）	法治政府 （聚焦法治良好）	信用环境 （聚焦成本竞争力强）	社会环境 （聚焦生态宜居）
现存 难点	1. 信息孤岛尚未打破，平台信息尚未实现实时共享 2. 制度创新成果的企业获得感不强	1. 法治营商环境短板	1. 仍存在信用环境短板	1. 污染防治压力仍然存在 2. 着力解决百姓身边突出环境问题

资料来源：2022年营口市政府工作报告。

（四）东北地区包容性营商环境优化的对策建议

本部分将分别从政务营商环境和企业营商环境两个方向展开。①

1. 发挥政府主导力量，稳步推进包容性政务营商环境建设

政府是包容性营商环境建设的主导力量。国家行政管理承担着按照党和国家决策部署推动经济社会发展、管理社会事务、服务人民群众的重大职责。② 作为党和国家决策部署的执行者，科学处理政府与市场关系、科学处理政府与社会关系、高效服务人民群众三大方向成为现代化政府治理体系运作服务的主体内容。包容性营商环境的优化必然要以政府建设进一步优化为

---

① 关于营商环境的分类划分有多种方法。本部分从政府与市场主体二元切入，公众感知视角下的营商环境本身就把政务营商环境和市场主体营商环境衔接在一起，本书将法治营商环境、信用营商环境、生态环境一并归入政府营商环境中。

② 习近平：《中共中央关于坚持和完善中国特色社会主义制度　推进国家治理体系和治理能力现代化若干重大问题的决定》，人民出版社2019年版。

核心,即建设服务型政府、整体性政府、法治政府和数字政府,四个方向为营商环境优化发挥政府主导力量。

(1)以服务型政府建设为根本,打造高水平包容性营商环境

服务型政府建设事关经济体制改革、行政体制改革,深度实现政府职能的转变。地方政府不止提供公共服务,也参与生产和分配。[①] 在承担政府提供优质公共服务"天职"的同时,以整体政府驱动、基于法治化框架、用于数字化创新,实现从管理型政府到服务型政府的转变,通过优良的政务环境为市场在资源配置中起决定性作用搭建公平、公正、透明、可预期的市场环境、法治环境、信用环境、生态环境。在本次问卷关于政府如何改善营商环境一题中,74.91%的受访者选择了"提升政府公共服务质量"选项,排在首位(见图6-14)。

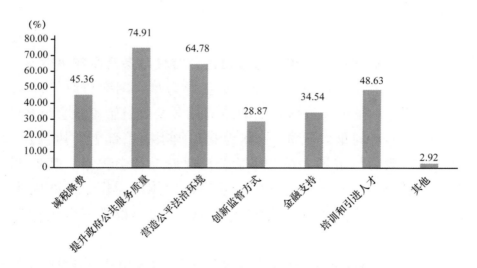

图6-14　受访者认为政府需要怎样改进营商环境的意见占比

资料来源:中国社会科学院包容性绿色发展跟踪调查 IGDS - A202201I - 34 题(东北地区数据)。

────────────

① 兰小欢:《置身事内:中国政府与经济发展》,上海人民出版社2021年版,第44页。

从包容性营商环境角度看，服务型政府建设任务一是围绕企业等市场主体的运行提供高效、公平、及时的全周期服务；二是依法对市场主体间的市场经济活动进行引导、扶持、监管；三是围绕体制机制性因素和条件所进行的一揽子、多方位、多层级的政策、法规、改革等务实举措。从政务服务"好差评""微笑服务"等公众满意度举措的推出，到12345市民服务热线的打造；从审批服务事项的全部下放，到让政策找企业"店小二"式服务品牌的树立；从金融普惠政策供给，到产业发展基金的设立。服务型政府的公共政策端便展现出来。政策的供给到落地之间便指向了诚信政府、诚信社会等整个信用体系的打造，这也是部分地区官方文件所指出的信用环境短板所在。通过服务型政府的建设，实现优质公共服务供给，让东北地区的公众、企业主体、投资者特别是社会弱势群体都能安享宜居；实现大小企业互惠发展，让生活和创业在这里的企业主、投资者特别是劳动者都能劳有所获；实现政府市场社会共赢，让人民特别是生活在乡村的人民都能在幸福的"黑土地"上走出高质量发展之路，走出东北全面振兴之路，走出实现共同富裕之路。

（2）以整体性政府建设为驱动，打造市场化营商环境

整体政府是打通条块分割、权力碎片化、"政策打架"、信息碎片化，转变职能适应市场经济，加速推进市场化营商环境建设、推动建立统一大市场的驱动力。例如，最初从浙江发起的"最多跑一次"改革到全国推进，是整体政府实践最好的例证。改革前，一件事如涉及 N 个部门，公众每一个部门跑一次就是 N 次。而"最多跑一次"改革是"以人民为中心"的体现，通过"一窗受理、集成服务"将原来一件事涉及的 N 个部门跑 N 次提升为真正意义上的跑一次。以此倒逼政府各部门优化办事流程、精简申报材料、缩短办事时间，降低制度性成本中的"时间成本"。再如，辽宁自贸区营口片区全国首创"60

证合一"商事制度改革和"三个一"企业开办法，同样是"简政放权"方面整体政府实践的内容。

放管结合方面的整体政府实践，更好地指向了监管创新方面的努力，特别是在加快建设全国统一大市场的紧迫背景下，科学提高政府监管效能尤为重要。涉企检查的规范性关系到企业的日常运营，是营商环境好坏的重要指标。"信用监管""双随机一公开"，特别是"互联网＋监管"的推进，让多部门联合执法成为常态。辽宁自贸区营口片区全国首创"16＋X"集成化监管执法创新，重塑了市场监管执法的流程和职能，实现了多部门、多层级联合执法的"多帽合一"。减少企业"迎检"负担，有效营造出"有求必应，无事不扰"的发展环境。

（3）以法治政府建设为框架，打造法治化营商环境

政府既是法律规范的制定者，又是法治政府的践行示范者，以法治政府建设为框架，打造法治化的营商环境，是市场经济的基础底座。"建立法治化营商环境"目标首次提出是在党的十八届三中全会《中共中央关于全面深化改革若干重大问题的决定》中，党的十八届四中全会进一步指出，社会主义市场经济本质上是法治经济。① 由此，法治化营商环境于经济发展的重要性不必赘述，本次调查中法治建设获得最高分是最佳解释。东北三省"十四五"时期，法治政府和法治社会实施方案中，明确提出法治营商环境建设的重点。

以法治化营商环境打造为方向，法治政府建设框架作用的发挥有如下建议：（1）提高立法工作效率，发挥地方立法服务经济社会的导向作用，提升运用法治手段解决地区"顽固性、频发性、影响深"的营商环境问题能力；（2）以法治框架规范市场竞争秩序、破除垄断、保护企业合法权益、疏通企业破产

---

① 习近平：《中共中央关于全面推进依法治国若干重大问题的决定》，人民出版社 2014 年版。

"退出机制"；（3）广泛推进行政执法公示制度、执法全过程记录制度；（4）提高司法工作效率，特别是在新冠肺炎疫情背景下缩短中小微企业审批时限，提高审判执行质效，为广大中小企业送去司法关怀。

（4）以数字政府建设为创新，打造国际化营商环境

紧抓数字政府建设契机，以东北的"数字蝶变"打造国际化营商环境。数字政府的加速推进是创新行政管理方式的体现，其背后是基于数字信息技术的飞速发展和应用。进入信息时代，来自政府、社会、市场的数据资源已经成为新的经济发展要素，被称为数字时代的"石油"。数字政府一方面基于数据信息；另一方面又对数据信息进行治理。借助数字政府为整体政府打通信息互联共享通道，为法治政府提供"互联网＋监管""云上庭审"等技术支撑，为城市的数字化转型供给引导力量，进而形成有包容性的市场化、法治化、国际化环境。

数字政府建设于政府治理体系现代化和营商环境建设之外，还有经济层面的意义。东北三省省级政府工作报告都提到，利用东北老工业基地工业和制造业场景丰富、农业产业分布广的优势，便于产业数字化转型。同时，基于城市新基建的广泛布局，数字产业化也广有商机。以上数字经济的发展，离不开数字政府的引导和融入，并为数字社会的发展提供动力。同时数字政府自身的发展也是数字经济转型的重要领域。

2. 释放市场主体活力，创新发展包容性企业营商环境

市场主体是包容性营商环境建设的基础力量。在企业、投资者、劳动者等市场主体要素中，企业（个体工商户）是一个最基础的存在形式，它联结管理者和劳动者，它调动起一系列生产要素，把供给端和需求端进行关联。市场主体既是营商环境的受益者，又以自身的主体地位影响着营商环境的发展变化。市场主体对包容性营商环境作用的基础力量如何

有效发挥呢？

第一，培育企业家精神，厚植家国情怀，肩负社会责任。企业家是企业的核心，企业家精神是企业的灵魂。从包容性营商环境角度来看，企业家在经营好企业、创造财富、实现个人价值的同时，更要具备新时代企业家精神，不断开拓创新，带动家乡发展，推动经济稳步前进。新冠肺炎疫情背景下，企业家更应厚植家国情怀，涵养自我境界；肩负社会责任，引领企业发展，大胆造福一方。企业一端连着就业，一端连着税收。在创造企业利润的同时，关照弱势群体的利益，关注研发投入，实现科技创新，带动上下游产业链条发展，勇于肩负企业社会责任。创新案例：在 2021 年 11 月 1 日营口市第一个民营企业家日①上，《营口市民营经济健康发展评价指标体系（试行）》出台，同时出台旨在树立民营企业家健康成长正确导向，推动企业家能力素质提升，弘扬企业家精神的《营口市民营企业家健康成长评价指标体系（试行）》，包含民营企业家健康成长的核心要素（爱国敬业、守法经营、创业创新、回报社会）和成长环境（法治环境、市场环境、社会氛围、政府高效务实服务）共 8 个一级指标。

第二，引进高层次人才，创新人才共享机制，推进"两个结合"。坚定不移加大人才引进和培训力度。调研显示：人才引进与培养排在改善当地营商环境最重要选项的第三位。在人才引进过程中，应该注意：创新人才共享机制，强化柔性引才和人才开发一体化思维；推进人才服务体系建设，实现市场主导与政府引导相结合。②

第三，规范资本运作。地方金融能够发挥引领作用，促进

---

① 营口市民营企业家日，2021 年 8 月获营口市人大通过，确定每年 11 月 1 日为"营口市民营企业家日"。

② 秦浩：《以人才强省战略推动东北振兴的对策思路——基于辽宁省的分析》，《环球市场信息导报》2016 年第 42 期。

地方经济快速发展。① 提高国有资本运作效率，疏导民间资本流向实体。东北老工业基地，国有重工业产业集聚，地区"国企改革"任务艰巨。规范产业发展基金的设立和使用，使国有资本增值，为产业发展助力。民间资本方面，受访者收大于支的比例大于收不抵支，且北方人投资理念保守，科学稳定地引导民间资本流向本地实体经济，促进当地实体产业蓬勃发展。

第四，鼓励科技创新。从要素驱动向制度驱动转变，进而再由制度驱动向创新驱动转变。经济发展路径一方面是靠产业升级；另一方面是靠科技创新。鼓励企业跟社会大胆探索科技创新的同时，推动地方政府的制度创新非常重要，创造地方政府跟企业、社会三者互赢的游戏，大家都充满了创新的动力。②

---

① 王奥：《地方政府金融监管路径探析》，《知识经济》2018年第23期。

② 吴敬琏等：《读懂中国改革4：关键五年2016—2020》，中信出版社2020年版，第103页。

附录 东北地区参与本次问卷调查工作人员

（按汉字拼音字母顺序排序）

IGDS 黑龙江省负责人：魏枫

IGDS 大庆：

王莉莉，徐玲，张译文

IGDS 哈尔滨：

车忠明，杜宝祥，樊红艳，冯丽冰，高男男，高宁宁，谷元新，郭巍，郭伟巍，韩东，韩真仪，胡金凤，李承默，李丽，李业辉，李莹莹，梁德智，刘强，刘明明，潘所权，阚含靓，帅亚琼，孙璐，孙惟，孙浩博，王国博，王贵强，王婷婷，王倩，杨敬锴，于璐璐，朱力，朱伟，朱若愚

IGDS 黑河：

马淑芬，尚飞飞，太译彬，王立岩，王书艺

IGDS 鸡西：

金丹，金立，周方展

IGDS 佳木斯：

李红伟，李昕，孙雷，吴怀志，徐健

IGDS 牡丹江：

陈彦旭，李庆静，李聪聪，李嘉文，吕楠，宋丹阳，孙琪，唐博文，王同滨，姚姚，张开琪，张姗，张萌，赵国辉，周冠男

IGDS 齐齐哈尔：

高禹，黄睿

IGDS 七台河：

单铁汉

IGDS 双鸭山：

蒋志兵，蒋晨汐，刘立柱，毛云鹏，孙晓丽，王茵琪，张兴婷，张朝臣，张驰，左奎帆

IGDS 绥化：

陈彦秋，张嵩

IGDS 伊春：

房振鑫，王晓丽

IGDS 吉林省

IGDS 白城负责人：于飞

李可

IGDS 长春负责人：张海龙

艾贺，李德清，李美琦，鹿丽洋，王建洋，闫力，姚春梅，张泽飞，张涵瑜

IGDS 吉林市负责人：孙晶

IGDS 四平负责人：高峰

IGDS 通化负责人：苏丽杰

杜永新，高芸，关振勋，胡晶，黄帅波，鞠春杰，李强，马宏岩，孟宪凤，曲鹏，单宁，史春玲，王佳林，王强，吴茜，许敏，闫红，尹长慧，于菲，张建华，张万军，张本友，张耀天，张志刚，钟敬波

IGDS 辽宁省负责人：王伟光

IGDS 鞍山负责人：郭浩淼

郭威，刘擎，薛芸

IGDS 朝阳负责人：刘子铖

黄巍

IGDS 大连负责人：刘大志

艾伟强，曹敏，丹永库，董文宇，高尚，郭海雷，龚强，

胡威，韩立民，胡海凤，姜海龙，李向楠，李林玥，李雪丽，李璐冉，李泽峰，李文宪，李艾，李严，梁桂州，柳倩，刘标艳，刘新海，刘赫楠，刘彬，马文，梅琳，师颖新，施忠银，宋振伟，孙雪，唐守东，王姣，王秀燕，王飞，王冲，王玥，王墨，王文清，王文政，吴英慧，吴佳，夏红梅，肖宁，邢丹，徐东，徐玲玲，杨亮，杨坤，阎冬，姚伟国，姚伟强，于开爽，张冬雪，张天芳，张振国，张剑楠，赵菲菲，赵子赫，郑旭刚，周妤阳，周颖异，仲天宝

IGDS 抚顺负责人：张钟元

陈润宇，盛浩，孙琦媛，孙涧桥，王冬梅，曾增

IGDS 阜新负责人：贾凯威

付桂芬，李慧杰，刘旭，刘明实，刘儒江，米占彬，史可，薛春丽，王振坤，王冬明，张友，张沫，张垒

IGDS 葫芦岛负责人：李晓梅

高晓倩，李焕焕，刘姗姗，苗苗，邵梦青，王艳，张宇迪，张子薇，张晓兵

IGDS 辽阳负责人：张雅军

陈颖，范宁，高艳平，关鉴，韩东，侯忠，洪浩，金路路，李小鹿，李智峰，刘晓茹，潘东升，庞忠政，施忱，孙丽菊，佟春双，王宁，王颜，王辰飞，于馨惠，袁辉，张雅军，张文洋，张兵，赵丹，郑东奇，邹妍

IGDS 盘锦负责人：吴丽君

才进，欧宇恒，孙涛，徐文超

IGDS 沈阳负责人：白雪飞

白雪梅，白昊天，高阳，韩玉鑫，孔维华，李薇，李森，李俊玲，李怀江，李中中，刘占武，刘艳清，刘漪姗，马昂，齐淑贤，孙名，王丹，王青，王杰力，温晓丽，温凤媛，吴艳艳，夏茂森，夏茂芳，项丽娜，尹博，伊文嘉，赵明，张生，邹家祎，邹臣款

IGDS 铁岭负责人：臧红敏

曹彬，陈强，陈小旭，陈国瑞，崔阳，董岩，高峰，侯丹，靳峰，李隽杰，李宗坊，李璐，李岩，李明，林琳，刘畅，刘爽，祁小静，钱爱东，任萍，王红娥，王华，王一君，王立娜，王曙光，杨波，张亚光，张玉峰

IGDS 营口负责人：王奥

白铁金，曹朔图，迟伟，富金赤，龚惠，高东波，高秀琦，郭树连，关丽霞，郝维维，焦龙，姜涛，李彤，李松，李春旭，李子昂，李明邦，李正阳，李桂芝，刘秀莉，刘春福，刘思佳，吕传思，马莹，孟楠楠，倪有，聂波华，潘一，潘虹玮，曲璐璐，任思龙，施东宁，宋君茹，孙胜然，邰明慧，田晶，魏巍，王奥，王群亮，王义，王兵，修芳菲，杨骥超，张汉奎，张铁民，张久东，张晓明，张国奕，赵振宇，赵磊，赵淑莉，赵丹，赵广志，郑艳，周伟，周英楠，朱宁宁，朱芷娴

七　华中地区包容性营商环境分析

李晗冰

（一）　华中地区样本分布特征

　　华中地区共回收有效问卷 274 份。在回收的有效问卷中，被调查对象中男性占 54%（见图 7 - 1），从事第三产业的占 75%（见图 7 - 2），大学本科及以上学历占比为 76%（见图 7 - 3），被调查对象年龄集中于 21—55 岁（见图7 - 4）。总体来说，华中地区四省份的被调查对象男女比例相当，年龄、学历、行业分布较为合理，调查结果能够较好地反映出调研所在城市的经济运行与营商环境的客观事实，整个调查具有较高的科学性与预测性。

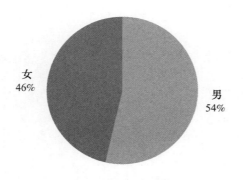

图 7 - 1　调查样本性别分布

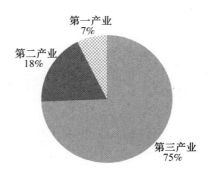

图 7 - 2　调查样本所处产业分布

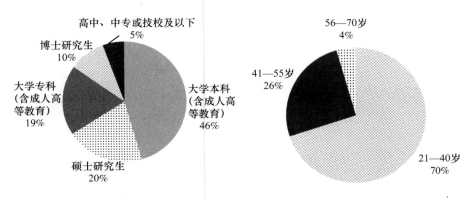

图7-3　调查样本学历分布　　　　图7-4　调查样本年龄分布

资料来源：中国社会科学院包容性绿色发展跟踪调查 IGDS - A202201I - 37、38、41、59 题（华中地区数据）。

（二）华中地区营商环境现状分析

在当前大环境下，全球新冠肺炎疫情仍在蔓延，得益于出色的疫情防控，我国经济恢复较好。虽然我国当前仍面临物价水平持续提高及就业形势严峻等挑战，但华中地区超过60%的被调查对象认为2022年第一季度全国经济增速和出口总量同比、环比保持持平或上升趋势。公众对于经济增长的信心源于政府的有效治理，特别是华中地区四个省份相继出台旨在优化营商环境、维护市场主体合法权益、激发市场活力、促进经济社会高质量发展的相关条例后，各地营商环境改善明显，经济发展势头良好。当前华中地区营商环境总体现状如下。

1. 公众对于当地营商环境建设的满意度在总体上高于全国平均水平，但仍有不少人对当地营商环境相关政策了解不够

为了应对新冠肺炎疫情对经济的冲击与影响，从国家到地方均围绕"控疫情、稳就业、保民生"出台了一系列政策。各地政府针对企业疫情后复工复产的困难，加大力度改善营商环境，河南、湖北、湖南、江西自 2020 年下半年开始相继出台优化营商环境的条例、办法、规定。通过营商环境的改善，各地在保持经济恢复良好态势的同时，打造了市场化、法治化、国际化、便利化的良好营商环境，为经济持续发展与推进产业结构转型奠定了基础。从华中地区整体情况看，被调查对象在以全国平均水平为准，对当地营商环境建设的满意度评价得分为 7.05 分（10 分制），这表明被调查对象对当地的营商环境建设较为满意。在营商环境分项得分中，法治建设（7.24 分）和政府服务（7.08 分）满意度得分高于总满意度平均分。相对而言，政府在建设营商环境中应继续致力于建立公平公正的市场秩序（6.96 分），并提供政策优惠（6.93 分）（见表 7–1）。

表 7–1　　　　　　　华中地区营商环境满意度得分　　　　　（单位：分）

	政府服务	市场秩序	政策优惠	法治建设	税收优惠	总体营商环境	小计
华中地区平均分	7.08	6.96	6.93	7.24	7.02	7.09	7.05
全国平均分	6.38	6.4	6.31	6.77	6.46	6.43	6.46

资料来源：中国社会科学院包容性绿色发展跟踪调查 IGDS – A202201I – 14 题（华中地区数据）。

公众对于当地营商环境建设的了解程度也在一定程度上反映了当地营商环境建设的质量。华中地区四省份被调查对象对当地营商环境了解程度得分为 5.93 分（10 分制），高于全国平均分（5.38 分）。虽然如此，仍然有 20.1% 的被调查对象对当地营商环境建设了解不够（得分低于 4 分）。

结合以上两项数据分析，华中地区营商环境建设水平与公众满意度均高于全国平均水平，但在营商环境建设的宣传、市场秩序的建设以及提供更多政策优惠方面仍有较大的提升空间。

2. 随着政府电子政务与信息化水平的提高，公众对于政府的办事方便程度较为满意；但公众去政府与执法机构办事仍然存在较为普遍的找熟人现象

随着电子政务与政府办公信息化水平的提高，政府机构的工作效率，以及公众办理行政事务的方便程度也大大提高。另外，以审批最少、流程最优、体制最顺、机制最活、效率最高、服务最好为目标的营商环境建设也提高了公众对于政府办事的满意度。

华中地区被调查对象无论是对于去政府办事方便程度（7.28分），还是对于在政府相关网站办理业务方便程度（7.15分）的满意度均高于全国平均水平（两项满意度的全国平均分依次为6.71分与6.70分）。虽然政府相关部门的办事途径多样且效率逐步提高，但中国人传统观念中的"熟人社会"思想在人们的行为逻辑中依然占据相当的大比重。在本次调研中，华中地区25.9%的被调查对象认为周围的人去执法机关办事需要找熟人，27.27%的被调查对象认为周围的人去政府办事需要找熟人。

3. 国家政策、市场化水平以及政治生态是公众认为影响营商环境最重要的三个因素

华中地区被调查对象认为，国家政策、市场化水平以及清廉的政治生态是公众认为影响营商环境最重要的三个因素（各影响因素占比见图7-5）。从全国的样本来看，这三个因素依然是大家认为最重要的三个影响因素。第一，清廉的政治生态是一个地方拥有良好营商环境基本的前提，它关系到企业在正规经营与竞争中是否能够得到公平公正的机会。第二，国家及地方政策也是影响营商环境的重要因素之一，其中优惠的财税政策和服务政策对于吸引投资影响显著。第三，市场化水平影响营商环境主要体现在较高市场化水平带来的产业集聚上，市场化较高的地区容易形成相应的产业集聚，产业集聚在匹配到相应优质政府服务的同时，产业间的互补也形成了一定的投资吸引力，从而对整体营商环境有良性影响。当然，影响营商环境的因素很多，包括自然的、地理的、历史的、经济的等许多因素。因此，改善营商环境不仅需要政府发挥作用，也要关注像地理（自然环境）、历史（文化习俗）等政府影响相对有限的因素。

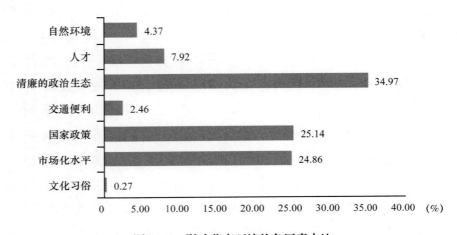

图 7 - 5 影响营商环境的各因素占比

资料来源：中国社会科学院包容性绿色发展跟踪调查 IGDS - A202201I - 20 题（华中地区数据）。

4. 公众认为政府在改善营商环境上最需要提升政府公共服务质量、营造公平法治环境以及培养和引进人才，除此之外减税降费、创新监管方式和金融支持也是公众较为关心的改善营商环境的措施

虽然公众将国家政策、市场化水平以及清廉的政治生态视为影响营商环境最重要的三个因素。但他们认为政府在改善营商环境上最需要提升的三个方面是提升政府公共服务质量、营造公平法治环境以及培训和引进人才。党的十八大以来，国家在促进经济可持续发展、调整产业结构促进产业升级、提高市场化水平上出台了一系列的政策。除此之外，国家在整治腐败方面也是重拳出击，当前在全国范围内形成了国家政策支持、市场化水平显著提高以及政治生态清廉的大营商环境。因此，在本次调查中，被调查对象更关注的是地方政府在改善营商环境时的具体做法。提升政府公共服务质量（72.33%）和营造公平法治环境（61.9%）是被调查对象认为政府在改善营商环境中最需要做到的，也有超过半数的被调查对象认为政府在改善营商环境时要注重培训和引进人才（51.7%）。

减税降费（44.52%）、金融支持（33.18%）、创新监管方式（30.28%）也是被调查对象认为政府在改善营商环境时要做到的主要方面。从样本的统计结果来看，公众对于政府在改善营商环境中的期望是全方位的。当然，这与公众对政府营商环境建设的较高满意度是不冲突的，这说明公众在感受到良好营商环境带来公正与便利的同时，希望政府可以持续改善提升营商环境，即构建具有包容性的营商环境。除了以上具体的措施外，城市包容度、居住地生活环境、交通情况以及政府对于环

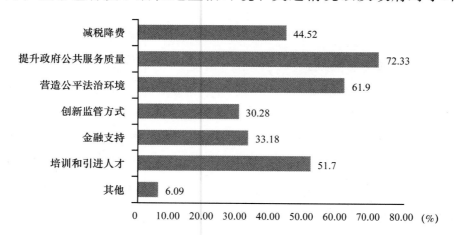

图7-6　公众认为政府改善营商环境应实施的具体措施

资料来源：中国社会科学院包容性绿色发展跟踪调查 IGDS-A202201I-34 题（华中地区数据）。

境污染的治理也在一定程度上影响当地的营商环境。

（三）构建包容性营商环境的新路径
——以河南省为例

从前文对华中地区整体样本的分析可以得出：华中地区四省份均构建了良好的营商环境，公众总体上满意政府在建设营商环境上的具体举措；与此同时，公众对于政府构建更加优质的包容性营商环境有较高的期许。后文将以河南省为例，结合调查数据与具体实际进行分析，探索构建包容性营商环境的新路径。

1. 构建包容性营商环境的积极探索——新的制度安排和城市整体提升

在受到新冠肺炎疫情影响的同时，2021年7月河南大部分地区遭遇特大暴雨灾害，许多城市基础设施损坏严重，农村地区良田被冲毁，灾害造成直接经济损失高达1142.69亿元。之后，河南又遭受了一轮较为严重的疫情。这给河南地区的灾后重建又带来更多的难题，各行各业复工复产的难度明显增加。但在本次调研中，78.32%的被调查对象认为2022年第一季度经济增速较2021年同期呈持平或上升趋势，90.21%的被调查对象认为2022年第一季度经济增速较2021年第四季度呈持平或上升趋势。这些数据明显高于全国数据和华中地区数据，河南省公众对于本省经济增长的信心实际上源于政府在疫情大暴发以来以及灾后恢复重建过程中实施的一系列有效举措。

在疫情与洪灾双重冲击下恢复经济，政府首先要做的是帮助企业复工复产，改善营商环境成为推动企业复工复产的重要推手。河南各地级市根据《中华人民共和国民法典》、国务院《优化营商环境条例》《河南省优化营商环境条例》等法律、行政法规，并结合本市实际情况进行制度优化，创新制度安排与具体实践。通过一系列举措，各地市营商环境水平迅速提升，企业复工复产顺利，经济在短时间内得到一定的恢复。在河南省改善营商环境的众多实践中，开封市尉氏县和南阳市城区的实践具有代表性，对于我们探索构建包容性营商环境的新路径有一定的现实意义。

（1）开封市尉氏县"一米团"——具有包容性的制度安排创新

开封市尉氏县的"一米团"作为一项制度安排创新已成为优化营商环境、支持企业创新发展的典范。"一米团"在尉氏县县域经济发展中，提供方便快捷的优质服务，协助政府建设优良的营商环境，成为尉氏县县域经济发展成"高原"的重要推手。特别是在新冠肺炎疫情和自然灾害期间，企业生产经营遭遇严重困难，"一米团"在服务复工复产和政策落地方面发挥了巨大作用。

"一米团"产生于精准扶贫实施过程中，是解决扶贫过程中"棚架问题"[①] 的具有创新性的制度安排。"一米团"的成员来自各政府职能部门选调的党员业务骨干，在上级政府的组织协调下，集中高效地解决贫困群体和困难企业的问题。从本质上讲，"一米团"是县域治理领域中的创新性制度安排，它发挥党政体制与科层体制的各自优势，并通过面对面的精准服务提高服务效率。"一米团"的具体工作是将业务嵌入改善营商环境的第一线。第一，建立规章制度，杜绝形式主义。"一米团"在工作中遵循目标导向、问题导向和结果导向，以提升分包覆盖率、问题发现率和办结率、企业满意率为目标，在服务企业过程中

---

① "棚架问题"是指贫困家庭对各项扶贫政策了解不全面，不知道自身实际面临的问题适用于哪一项具体政策；同时，各部门不能真正延伸至农村基层宣传本系统的扶贫政策，只是被动地坐等群众上门咨询、办理业务，从而产生政策悬空和无法落实的现象。

强调真重视、真关心、真保障、真解决、真考核，确保不走形式，真正为企业服务。第二，积极服务复工复产，确保政策落地。在新冠肺炎疫情后的复工复产工作中，"一米团"深入企业一线，根据不同产业面临的不同问题，抽调相对应的部门骨干为企业复工复产提供疫情防控指导和优惠政策落地服务。通过"一米团"为各类企业提供精准的服务，2020 年尉氏县 265 家规模以上工业企业复工率达到 100%，复产率达到 95.9%。同样地，"一米团"在 2021 年河南遭受特大暴雨灾害的复工复产中也发挥了相似的作用。第三，遵循目标嵌入，体现全面包容性。"一米团"除了深入各行业，体现向下包容性的同时，还与河南省政府提出的"万人助万企"相衔接，体现了"一米团"目标的嵌入性与向上的包容性。具体地，"一米团"按照行业设工业、农业、商贸物流服务业三部门，每部门负责各自行业重点企业政策落实、解决困难和问题等相关工作。第四，进行自适性创新，业务精准嵌入。"一米团"在快速解决复工复产面临的问题后，积极进行二次创新以适应形势变化，转变为"专业一米团"（包括科技工信服务、金融服务、环保服务、人力资源等）针对企业接下来面临的问题进行专业对接，以更专业的服务解决企业急需解决的难题。"专业一米团"开展了多次"百企调研"活动，实地了解企业生产经营中的困难，现场办公及时解决。对于不能当场解决的，建立台账，明确专人对接并保证解决时限，确保及时为企业解决难题。"科技工信服务一米团"引导帮助企业提升改造、转型升级、"环保服务一米团"在依法进行查处的基础上为抽检不合格企业提供面对面帮扶服务，帮助企业查找产品不合格原因，提出改善方案、"人社服务一米团"派专人对企业进行社保和人员招聘方面的指导，在人才在线和人社网上为企业做免费的推广，解决了企业用人难的问题。

综上所述，可以看出"一米团"实际上是县级政府为了突破科层体制无法承担时效性任务的限制，发挥更具系统性与权威性的党政体制优势从而进行的制度安排。"一米团"产生于精准扶贫时期，在产生之初就契合包容性增长的要求，随后"一米团"在改善营商环境、支持复工复产以及县域经济发展上发挥了推动作用。在此期间，"一米团"通过自适性创新更多地提升自身服务的精准性，也关联到生态环保、人力资本积累等更多方面，体现了更加广泛的包容性。

（2）南阳市市区"1050 攻坚"——提升省域副中心城市营商环境的包容性

河南省第十一次党代会明确提出，支持南阳建设副中心城市，与信阳、驻马店协作互动，建设豫南高效生态经济示范区。南阳作为新的省域副中心城市，面临良好的发展机遇的同时还有诸多要解决的问题。建设与省域副中心城市相匹配的良好营商环境是南阳首先要解决的问题。

在改善营商环境的具体举措方面，有许多优秀案例值得南阳参考。南阳在借鉴改善营商环境先进经验的同时，深入贯彻习近平总书记视察南阳重要讲话精神，以经济包容性绿色增长为目标，探索构建包容性营商环境。除了改善营商环境的传统举措外，南阳市区政府格外关注公民的获得与获得感、幸福与幸福感。为此，南阳市于 2021 年启动城市管理"1050"专项攻坚行动，通过第一阶段的专项整治，南阳市区整体面貌明显改善，环境、交通、市民生活较之前有了较大提升。随之而来的是城市活力的提升以及开发合作共享发展机会的增加。

为进一步构建包容性营商环境并巩固第一阶段攻坚成果，南阳市针对群众亟须解决的问题开展新的攻坚行动，并形成攻坚行动常态化推进机制。在第二阶段攻坚行动中，南阳市在原来区域范围的基础上向城乡接合部及各下辖县延伸，具体围绕完善城市基础设施，增强民生幸福感，助力城市发展，开展城市公共设施建设规范整治、水资源专项整治、城乡垃圾清扫运输一体化等 12 项新的攻坚行动，推动城市管理向科学化、精细化、网格化、智能化转变；同时，持续提升城市人居环境，构建城市包容性营商环境，实现经济良性持续包容性绿色增长，全力建设河南省副中心城市。

南阳市在"1050"攻坚行动所体现的正是包容性营商环境的内涵，即在关注企业可持续发展环境（特别是市场主体中弱势群体小微企业的发展环境）的同时，关注公民的获得感与幸福感、关注整个生态系统的可持续发展，促进城市经济包容性绿色增长。

2. 包容性营商环境的形成——多主体参与下的合供

综合上述两个案例，本报告在尝试构建包容性营商环境的新路径时提出一个公共管理领域内的概念——合供。所谓合供是指公众个人（组织）与政府一起参与制定和执行政策、生产产品和提供服务，最终使公众个人（组织）从中获益。实际上，合供的基础是公众与政府，除此之外诸如企业、非营业组织等也可以成为合供的参与者。作为一个具有多元主张的分析框架，合供的概念和内涵具有包容性的特点，也符合包容性营商环境的客观要求。

在结合调查数据与河南省具体案例的基础上，本报告构建出包容性营商环境的形成路径（见图 7-7）。即政府通过形成新的制度安排和专项整体性事务来提升城市的营商环境，营商环境改善后具有包容性，同时城市的包容性和公众的幸福感得到提高；作为受益者，企业、公众以及社会组织参与到合供中的意愿增强，主动与政府形成合供，成为建设包容性营商环境与城市发展的政策制定者与实施者、公共服务与产品的提供者与生产者以及城市经济包容性绿色增长的受益者。

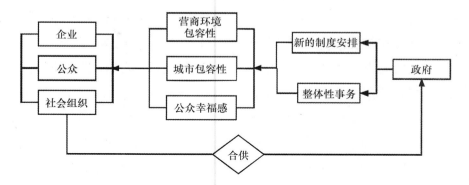

图 7 - 7　构建包容性营商环境路径

资料来源：笔者自制。

（四）　建设包容性营商环境的
问题及对策建议

　　基于"包容性绿色增长跟踪调查"（IGDS）2022 年第一季度华中地区的调查样本以及河南省建设营商环境的两个案例，本报告进行了调查样本分布特征描述、华中地区营商环境现状分析、河南地区构建包容性营商环境新路径的案例分析并形成了构建包容性营商环境的路径图。整体而言，华中地区四省份在建设营商环境上各有特色且效果显著，即便如此，在构建包容性营商环境的道路上依然存在一些问题，这些问题的存在是正常合理的，也为进一步完善包容性营商环境提供了具体的工作重点。具体问题主要有以下两点：

　　第一，构建包容性营商环境的方法、路径和手段有待于进一步完善。首先，构建包容性营商环境是一项系统性的长期工作，政府应在进行详尽的调研以掌握全面准确的数据的基础上进行具有预期性、科学性的决策。其次，政府形成的新的制度安排，在未来构建包容性营商环境的过程中应当尽量避免过度"保姆式"的服务。新的制度安排在构建包容性营商环境中要成为一个具有包容性的团队，吸纳政府职能部门以外的主体参与其中，持续推动治理过程中的改革与创新。最后，基于大数据的治理模式有待改进。在治理过程中还是以传统模式为主，缺乏预期思维，对大数据相关的技术手段应用较少，导致公共决策能力科学化、民主化、规范化不足。

第二，以城市营商环境改善带动农村地区营商环境改善效果不显著。目前各地改善营商环境的重点集中在城市，忽略农村良好营商环境对于巩固脱贫攻坚与乡村振兴有效衔接的关键作用。同时，虽然农村地区摆脱了绝对贫困，但依然存在诸如农业现代化与三产融合发展程度不高的问题，农村地区在现代产业园的体系构建、农村集体经济发展、农产品加工流通与销售和农业社会化服务等方面还存在明显短板及缺乏相应的路径规划与制度设计。因此，新的制度安排在构建农村地区包容性营商环境中的作用有待进一步加强。

针对以上在构建包容性营商环境中存在的问题，部分提出以下建议。

第一，政府建设包容性营商环境应以提高地方经济发展目标的包容性为前提，将地方经济发展嵌入区域、国家的整体经济发展目标中去。其一，地方政府在改善营商环境时的具体做法要体现包容性：一方面，要以地方经济包容性增长为构建营商环境的目标；另一方面，要兼顾提高城市宜居度、包容度以及提升公众幸福感等。其二，地方在构建包容性营商环境时要考虑相关政策的包容性，在将政策嵌入省、国家整体政策中的同时，也要考虑到政策向下发展的包容性，即有利于下级政府在政策框架内根据自身实际进行政策上的自适性创新。具体而言，要格外关注生态环境保护、城乡融合发展等都是建设包容性营商环境时要考虑的因素。

第二，发挥科层体制与党政体制各自的优势，形成新的制度安排①是建设包容性营商环境的关键。在建设包容性营商环境时，需要形成一个保证相关政策落地、具有较强处理企业面临相关问题的新的制度安排。新的制度安排要充分发挥党政体制的优势，能够承担需要多部门协同参与并在短时间解决的整体性治理事务。② 除此之外，新的制度安排还要保留科层体制中专业化、规范化的优势。③ 在实际应用上，尉氏县"一米团"的做法可以给各地形成新的制度安排提供较好的借鉴。

　　第三，要促进除政府外的公众、企业、社会组织主动参与包容性营商环境的建设，从而进一步形成多主体参与的合供。④政府应为其他参与主体积极参与合供提供良好的制度环境。合供将大大提高城市营商环境的包容性。多元主体参与的合供中，政府不再占据主导地位，而是积极吸纳公众、企业、社会组织等多主体参与营商环境与城市建设政策的制定与执行，多元主体一起参与公共产品和服务的生产与提供，从而形成具有活力的治理实践，在合供下形成的包容性营商环境具有自适应性与精准性，从而可以持续推进城市经济的包容性绿色发展。

　　第四，农村地区包容性营商环境的建设是进一步促进农村三产融合的关键举措，更是巩固脱贫攻坚成果与实现乡村振兴的客观要求。包容性营商环境的构建应当是全方位的。除了城市以外，农村地区也要建立起包容性的营商环境。一方面，产

---

　　① 张振洋：《破解科层制困境：党建引领城市基层社会治理研究——以上海市城市基层党建实践为例》，《内蒙古社会科学》2020 年第 3 期。

　　② 杨华：《县域治理中的党政体制：结构与功能》，《政治学研究》2018 年第 5 期；陈柏峰：《党政体制如何塑造基层执法》，《法学研究》2017 年第 4 期。

　　③ 刘炳辉：《党政科层制：当代中国治体的核心结构》，《文化纵横》2019 年第 2 期；吕忠：《理解中国科层制行为：基于既有文献的分析》，《社会主义研究》2019 年第 2 期。

　　④ 李华芳：《合供：过去、现在与未来》，《公共管理与政策评论》2020 年第 1 期。

业兴旺是乡村振兴的具体要求，产业的发展离不开良好的营商环境；另一方面，农村地区包容性营商环境的构建，关系到脱贫攻坚成果的巩固与乡村振兴战略的有效衔接，关系到农村三产融合的水平的不断提高以及城乡公共富裕的实现。具体地，应持续提升农村地区的基础设施建设，根据不同区域的不同特征发展相对应的特色产业，持续发挥龙头企业的帮扶带动作用以及出台相应吸引优质劳动力回流的人力资本积累政策。①

---

① 王志涛、李晗冰：《身份认同、个人技能与农民工返乡意愿——基于 CMDS 数据的实证研究》，《经济经纬》2021 年第 3 期。

附录　华中地区参与本次问卷调查工作人员

（按汉字拼音字母顺序排序）

IGDS 河南省负责人：王海杰

IGDS 安阳负责人：牛树海
陈志强

IGDS 洛阳负责人：金卓
樊迪，刘璐，乔玉萍

IGDS 南阳负责人：李晗冰
毕梦娟，边傲飞，彬彬，曹菀娣，陈宏扬，陈莹，程海霞，邓珍宇，底钲雅，段美君，范云涛，高雨，黄龙，姬鹏举，李丹妮，李佳林，李洁，李琳，李清颖，李雪，李月涵，刘炳汧，刘俊娜，刘庆，刘向歌，刘亚坤，刘怡，吕若婉，马兵，彭子豪，师中俊，宋金盈，宋鹏雲，苏斌，孙淑怡，孙艺玮，王常辉，王德芝，王晶，王蕾淇，王肇邯，王政，武乐宁，谢海洋，谢英鸽，薛影，杨建竹，弋景妍，于嘉凝，袁庭珍，张晨曦，张留健，张龙举，张玺文，张岩涵，张志柯，周冬冬，周金灵，周珂鑫

IGDS 平顶山负责人：严磊
韩程意，刘沛武，王子文

IGDS 濮阳负责人：王全景
李曼曼，翟子昂

IGDS 三门峡负责人：刘馨钰
李亢

IGDS 新乡负责人：李荣华
张瑞红，张昀

IGDS 信阳负责人：刘志远

国文婷

IGDS 许昌负责人：姬超

陈子豪

IGDS 郑州负责人：李晨阳

郭伟，侯燕，马俊伟，王卓亚，张超，张焕鹏，张琦，张振山

IGDS 周口负责人：朱子帅

IGDS 驻马店负责人：赵鹏

柴罡，李林郁，尹世伟，左竣友

IGDS 湖北省负责人：余振

IGDS 鄂州负责人：吴晓婷

陈防，陈霜梅，晏志刚，杨沁，周华中

IGDS 黄冈负责人：殷晓红

叶贵

IGDS 黄石负责人：聂亚珍

刘钦钦

IGDS 荆州负责人：姜学勤

程月晴，冯子璇，熊美

IGDS 十堰负责人：石偲

陈雯

IGDS 武汉负责人：熊芳

蔡凌霞，陈蛟龙，陈梁，陈通，胡卫东，戢海艳，李偲，李薇，马宏，苏毅，唐甜，魏继石，魏涓，魏云辉，肖马，张艳，赵斌，郑琼，左挺

IGDS 孝感负责人：张辉

张承龙

IGDS 宜昌负责人：董延芳

董港，董前才，郭芙，姜钰，景晓波，李全银，肖攀峰，张方任

IGDS 湖南省负责人：谢锐

IGDS 常德负责人：夏汉军
龚雨晴
IGDS 郴州负责人：陈敬胜
陈耀龙
IGDS 怀化负责人：王维仪
IGDS 娄底负责人：周浩
黎东源，龙向荣，欧玲，苏翠飞，夏松，肖坚尧
IGDS 邵阳负责人：曾海燕
郭涓
IGDS 益阳负责人：孙倩
范珍明，黄建忠，吴海平
IGDS 永州负责人：黄渊基
李俊达
IGDS 岳阳负责人：周金城
刘清泉
IGDS 张家界负责人：葛礼
董小钦，蒋娴，李恬，刘丽，陆咏，欧书琦，彭思甜，杨楚才，杨玲，周伟，朱志豪
IGDS 长沙负责人：杨晶
晨辉，付丽，何家学，胡慧姣，贾西超，蒋春华，李鹏，李清洋，刘灿，刘羽坤，龙卓栋，买团，任斌，苏映江，谭洁，唐茜，吴平，谢锐，熊灿，徐梦君，张子旭

IGDS 株洲负责人：王前

陈琴，贺佳威，李元初，唐微玮，杨之谦，张勇

IGDS 江西省负责人：张利国

IGDS 抚州负责人：徐荣丽

周泽根

IGDS 赣州负责人：边俊杰

邓亦林，段可仪，黄阁，黄琦，黄淞柏，黄兴砚，蓝晶，李白，李林，李效聪，卢家鑫，孙剑斌，韦岚潇，张瑜，周晓文，邹瑛

IGDS 吉安负责人：欧阳鹭霞

刘安安

IGDS 南昌负责人：廖文梅

郭昱辰，罗运阔，吴芝花，许晟，袁艺，周志东

IGDS 萍乡负责人：黄德胜

兰天悦

IGDS 上饶负责人：叶忠军

黄龙龙，鄢申涛

IGDS 新余负责人：周来友

胡文若，司同强，周苏燕，朱佼华

IGDS 宜春负责人：袁杰辉

邓聪秀，李铁斌，罗睿超，易艳

IGDS 鹰潭负责人：周晓农

蔡宇虹，陈凤梅，邓云，何海锋，黄欣越，江瑶，李晓兰，刘明辉，闵美琪，邱晓东，邵样生，屠媚媚，王煊泽，吴建呈，杨钦莉，姚梦蓓，余明华，张志

八　华南地区包容性营商环境分析

张海峰

（一）　华南地区问卷发放与样本分布特征

华南地区共回收有效问卷473份，从问卷调查数据分析情况来看：华南地区被调查对象男女比例相近（见图8-1），学历在大学本科及以上的人数占比超过88%（见图8-2），年龄在30—49岁的居多（见图8-3），家庭经济状况在平均水平的人数占比为46%（见图8-4）。总体来看，华南地区四大省份的被调查对象在性别、学历、年龄以及家庭经济状况等方面分布较合理，能比较客观地说明该地区的经济环境和营商环境。

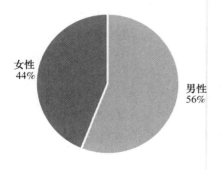

图8-1　调查样本性别分布

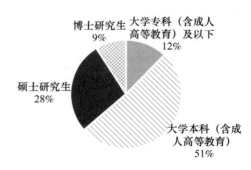

图8-2　调查样本学历分布

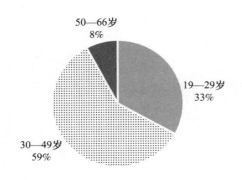

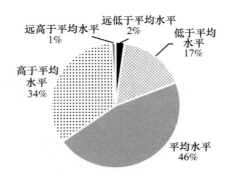

图 8 - 3 调查样本年龄分布   图 8 - 4 调查样本家庭经济状况分布

资料来源：中国社会科学院包容性绿色发展跟踪调查 IGDS – A202201I – 41、38、
37、77 题（华南地区数据）。

（二）华南地区营商环境现状分析

新冠肺炎疫情暴发以来，我国实体经济和虚拟经济均受到不同程度的影响，大到国家层面的经济发展，小到企业的生存和我们个人的生活，华南地区的经济增速从 2019 年的 6.38% 下降到 2020 年的 3.18%，下降约 50.16%。得益于出色的疫情防控，我国经济恢复良好，2021 年华南地区的平均经济增速为 8.68%，同比增长 172.96%。此外公众对未来经济的乐观预期建立在政府对疫情的有效防控基础上，疫情暴发以来，华南地区四大省份应势而为，高位谋划，高效推进，在党中央的正确领导下，各省相关部门围绕中心服务大局，并肩作战，同题共答，共克时艰，同向发力，依各省实际情况相继出台有关营商环境的政策性文件，在不断实践中探索前行，各地营商环境明显改善，经济发展势头良好。当前华南地区营商环境的主要特征呈如下几点：

1. 公众对于当地营商环境建设的满意度高于全国水平
新冠肺炎疫情的暴发加大了地区建设包容性营商环境的难

度，华南地区四大省份迎难而上，福建省福州市印发《福州市优化营商环境行动方案》，在营商环境改革 3.0 的基础上推进 4.0 版本，构建公平、透明、包容性的营商环境需要不断深化司法改革，积极推进智慧法院建设，为福州市的经济跨越式发展夯实基础，做好保障；广东省江门市委为了营造更好、更健康、更具包容性的营商环境，牢牢树立全面推进依法治市的核心目标，市委市政府通过对两大历史机遇——粤港澳大湾区的建设和支持深圳建设中国特色社会主义先行示范区的精准把握，坚持改革与法治建设齐头并进，以强有力的手段方法推动广东省江门市建设更加完善的营商环境。《广西壮族自治区优化营商环境条例》2020 年 7 月 1 日起正式施行，通过法制化、规范化轨道建设方法优化广西的营商环境，能够有效激活市场主体活力，推动经济高质量发展；①《海南自由贸易港优化营商环境条例》在海南省的顺利实施，能够有效加快海南省形成法制化、国际化、便利化的营商环境，并且能够形成充分、公平、开放、统一、高效的市场环境。②

华南地区四大省份被调查对象对当地营商环境了解程度得分为 5.79 分（10 分制），高于全国得分（5.38 分），公众对当地营商环境非常了解的占比仅为 5.07%，得分在 6 分以上的占比为 58.77%，可见还有不少人对营商环境了解不够深入。

华南地区营商环境满意度情况如图 8-5 所示。从图 8-5 可以看到，华南地区公众对当地营商环境建设的满意度得分（6.58 分）略高于全国平均水平（6.43 分），在政府服务、市场秩序、政策优惠、法治建设、税收优惠以及总体营商环境这

---

① 《广西壮族自治区人民政府办公厅关于印发落实推进纳税缴费便利化改革优化税收营商环境若干措施实施方案的通知》，《广西壮族自治区人民政府公报》2021 年第 2 期。

② 《海南自由贸易港优化营商环境条例》，《海南日报》2021 年 10 月 18 日第 6 版。

六大方面的满意度，华南地区四大省份的平均分均高于全国平均分，得分最高的是法治建设，说明公众对该地区的法治建设非常满意。

综合公众对营商环境建设的了解程度和满意程度分析，华南地区虽然在打造包容性的营商环境各方面高于全国平均水平，但是在营商环境建设的宣传方面有所欠缺，需要加大地区营商环境建设的宣传力度，让地区之外的公众也能更大限度地了解到该地的营商环境。

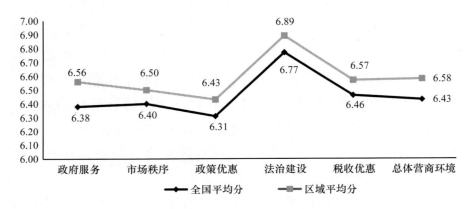

图 8-5　华南地区营商环境满意度

资料来源：中国社会科学院包容性绿色发展跟踪调查 IGDS - A202201I - 14 题（华南地区数据）。

2. 数字化赋能营商环境，公众办事便捷程度显著提高

数字化的发展有助于提升营商环境建设的便捷性和效率性，营商环境的改善与提升离不开数字技术与互联网技术的高速发展。①"网上办、掌上办、一次办、自助办、就近办、跨域办"的便捷化办事程序，让大部分的企业与群众都感受到了营商环境建设所带来的便利化改变。

---

①　吉喆、王海蕴：《将从五个方面"着力"打造国际一流营商环境》，《中国产经》2022 年第 6 期。

　　从调查数据发现，华南地区公众去政府办事方便程度得分在6分及以上的比例达到77.80%，平均分为6.85分，高于全国平均分（6.71分）；再者公众对去政府相关网站办理业务的便捷性满意程度平均分为6.84分，高于全国平均分（6.7分）。虽然数字化在办事方面给予了政府部门以及社会公众极大便利，但托人、找熟人办事的传统观念仍被印刻在公众心里。如图8－6所示，有56%的被调查对象认为公众对去执法机关办事以及去政府办事不需要找熟人，但也有23%的被调查对象认为办事需要托熟人。

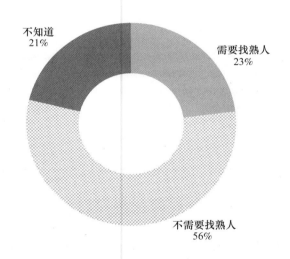

图8－6　办事找熟人情况

资料来源：中国社会科学院包容性绿色发展跟踪调查 IGDS－A202201I－17 题（华南地区数据）。

3. 政府服务质量是影响营商环境最重要的因素

　　如图8－7所示，公众认为影响营商环境最重要的三大因素分别为清廉的政治生态、市场化水平以及国家政策。而在政府需要怎样改善营商环境方面，主要的实施措施分别为创新监管方式、提升政府公共服务质量以及营造公平法治环境。一个地方的政治生态环境是该地方的政治生活现状以及政治发展环境的反映，而一个地方的法治环境是否公平，恰恰反映了该区域的政治生态是否廉洁，这与大众所在乎的法治化营商环境息息相关；其次，一个地区的市场化水平发展如何，与该地的监管方式密不可分，市场在资源配置中起到多大的作用，很大程度上取决于政府的监管方式，应发挥公众参与监督的作用，在政府和公众之间建立良好的互动机制，发挥市场在经济中的最大效应；最后，国家政策的制定对于该地的公共服务质量的提升同样至关重要，有了政策的护航，公共服务的质量和效率才能稳步向前（见图 8－8）。除了这三个重要影响因素之外，像人才、交通、自然环境也要加以关注。

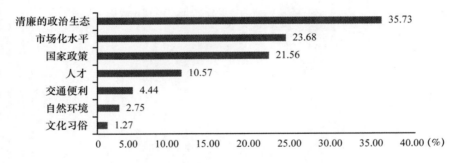

图 8－7　影响营商环境的各因素占比

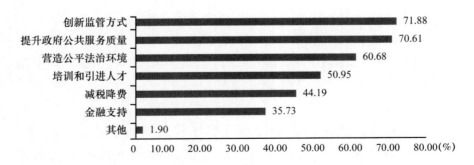

图 8－8　公众认为政府在改善营商环境应实施的具体措施

资料来源：中国社会科学院包容性绿色发展跟踪调查 IGDS－A202201I－20、34 题（华南地区数据）。

（三）构建包容性营商环境的新路径

——以广东省为例

对华南地区的样本数据进行分析后发现：华南地区的四大省份在营商环境的构建方面可圈可点，公众对该地区营商环境的构建总体上是满意的；同时，公众在此基础上对该地区的营商环境提出了更多期许。本部分将以华南地区的代表省份——广东省为例，结合已有的调查数据与广东省目前的实际情况进行分析，总结出构建包容性营商环境"三位一体"的努力新路径。

第一，市场有效。良好的营商环境必须是整个国民经济大循环，产业链、供应链、价值链，必须有效循环，生产、分配、交换到消费，每一个环节都不能够有堵点、断点。在这个循环中，市场是基于主导性的地位，而市场最重要的主体就是企业，所以华南地区要营造良好的具有包容性的营商环境，首先必须要引进中国500强企业、世界500强企业，要做到央企入驻，如果大量的有竞争性的国内国际重要企业能够入驻华南地区，为其带来重要的经验和技术，那么对于华南地区营造优质的营商环境至关重要；其次要提升省属企业的竞争力，省属企业必须按照现代企业制度的架构，不断地提升竞争的能力；最后民营企业发展的不足和不充分是华南地区营商环境较为突出的问题，所以大量中小企业的发展是构建营商环境最重要的因素，[①] 中小企业的发展主要分四个环节：个转企、企转规、规转股、股转市，就是要把个体企业转化为规模化的企业，把规模化的企业转化为上市企业，整个企业的要素就能充分流动起来。市场是有效的，要素是流动的，提高了整个地区吸引和吸纳企业的能

---

① 廖福崇：《政务能力如何提升营商环境质量？——来自中国私营企业调查的证据》，《宏观质量研究》2022年第10期。

力，体现了该地区市场的包容性。①

第二，政府有为。政府的有为是衡量营商环境的根本性指标，要想营造包容性的营商环境，首先政府必须转职能、转作风，市场监管力度大，那么企业就会大大改善；② 其次政府必须是法治政府，集中体现为从立法到执法、到司法、到守法，每一个环节要让市场主体在每一个司法案件当中都能体现和彰显公平正义；③ 最后建立服务型政府，要为市场主体做好充分的服务，庞大的中小企业能否存活或者永续发展下去，政府的服务型职能不可或缺。政府有为在这三个层次上体现了其是一个包容性的政府。④

第三，社会安定。首先，一个营商环境好的地方，它的要素流动的交易成本很低，铁路、公路、机场、能源、信息这五网的建设基础设施好，企业就会愿意进来，物流成本就会大大降低；其次，拥有开放式的系统，该区域对要素的包容程度、吸纳能力都要大大加强；⑤ 最后，一个地方良好的生态环境对营商环境的建设非常重要，从调查数据分析可以看出有不少人愿意定居在一个城市，当地的自然风光、气候条件以及空气质量非常重要。所以社会安定程度也反映了该地城市的包容性。⑥

---

① 霍春辉、张银丹：《水深则鱼悦：营商环境对企业创新质量的影响研究》，《中国科技论坛》2022 年第 3 期。

② 何颖、李思然：《"放管服"改革：政府职能转变的创新》，《中国行政管理》2022 年第 2 期。

③ 郑宇：《提升地方依法行政能力、促进营商环境的路径分析》，《法制博览》2022 年第 12 期。

④ 刘友倩：《中国营商法治环境建设中的政府责任研究》，硕士学位论文，黑龙江省社会科学院，2021 年。

⑤ 张琰飞、朱海英：《区域营商环境优化的协同治理机制与路径研究》，《江苏商论》2022 年第 3 期。

⑥ 薛晴予、董元方：《基于生态视角的区域营商环境评价指标体系构建研究》，《科技和产业》2022 年第 22 期。

市场的包容性、政府的包容性以及城市的包容性塑造了一个健康公平、具有温度和包容性的营商环境,他乡即是故乡,心安之处即是吾乡,是外来人员对该地营商环境的真实感受。

(四) 建设包容性营商环境的对策建议

基于调查数据分析了华南地区营商环境当前的状况,并对广东地区营商环境新路径的相关政策进行分析,形成的构建包容性营商环境路径如图 8 - 9 所示。综合而言,华南地区四个省份在构建营商环境的路径中各有特色且效果显著,尤其以广东省最具代表性。即使如此,有些许问题依然存在于各省份构建包容性营商环境的路径之中,通过资料的搜集和数据的分析我

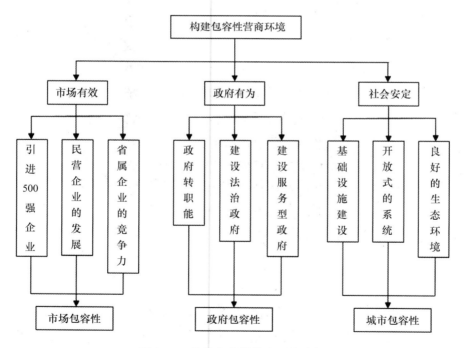

图 8 - 9 构建包容性营商环境路径

资料来源:笔者自制。

们也能从中找到解决方法。具体问题有以下两点。

1. 各地区资源分布不均,发展水平有差距

大部分地区缺乏可利用的高价值土地资源,建筑楼层高度受到限制,项目建设与企业发展过程中较高的土地成本与发展空间制约了许多企业大展拳脚,不仅如此,较为零散的存量土地、缺少统一规划、用地成本高、缺少对土地开发的竞争优势等,压缩了企业的发展空间。同时企业资金来源有限,在经济发展大环境下,企业资金短缺问题非常突出,导致企业发展后劲不足,不少外地企业持观望态度,投资客商踟蹰不前。

2. 制度性交易成本仍然偏高

制度性交易成本的升高会直接影响省内实体经济发展的活力,其主要表现在两个方面:一是政府部门的行政服务效能有待提升,在"多做多错,少做少错"的错误思想影响下,政府各部门之间害怕承担相应责任而出现推诿扯皮、懒政惰政的现象。华南地区各省政府先后大量清理了省直部门行政审批中介服务事项,但在走访中也能发现,有部分企业反映,有些部门的行政审批中介服务事项并未得到真正取消,仍然存在"缴费后才盖章"的现象。二是企业经营中的隐性成本增加,有部分企业反映,在司法实践中,出现劳动合同纠纷时,政府对劳资双方没有能够做到"一碗水端平",要求企业主体承担更多的责任。

3. 协调联动、数据安全问题依然棘手

以广东省为首开展的数字化赋能营商环境虽取得一定成效,但各地公共资源交易中心数据库结构不统一,导致各地在数据分享及应用方面出现阻碍。区块链技术是解决公共资源交易领域数据共享的一个有效手段,但基于各级地方数据库结构的不

同，像顶层设计的标准、应用的具体场景以及业务流程的综合性等方面还需进一步考虑。同时，由于参与共享平台的成员数量不断增加，各成员的数据上链程度也存在偏差，因此，成员之间的沟通协调工作也需考虑。

针对以上在构建包容性营商环境中存在的问题，提出以下建议：

第一，搭建产业发展平台，配套政策扶持。在区域内制定科学合理的经济规划，将资源要素进行效用最大化的分配，通过搭建产业发展平台，吸引外地企业进驻，形成产业集群，进一步增强微观主体的活力，以包容性的姿态欢迎各地企业在该区域生根发芽，政府同时要制定相关融资贷款优惠政策，解决重点企业发展瓶颈期遇到的资金周转以及融资问题，以包容性的政府政策吸纳优质的外地企业。最大限度地建立该区域产业集群和企业发展融资之间的联通机制，多方面多渠道解决该区域的融资贷款问题，为构建更加包容性的营商环境提供新思路。

第二，打造公平的市场竞争机制。构建公平且具有包容性的营商环境，一个地区的市场竞争机制尤为重要，做到让省属以及外地企业发展无后顾之忧。首先，政府政策的制定一定要具有稳定性、连续性、可预见性以及执行的均衡性，这大大降低了政策变动的隐性成本。其次，要不断完善涉及雇佣"三期"女性员工企业的扶持政策，除了生育保险之外，对聘用育龄妇女的相关企业且在合法生育期间，政府可以在一定程度上给予资金补贴，为企业发展减轻成本负担，同时可在社会上形成良好的竞争机制，一定程度上消除了女性就业歧视问题，从就业公平角度营造包容性的营商环境。最后，放宽市场准入限制，打破不合理的行业壁垒，运用数字技术在市场准入、审批环节、招投标等各个方面提升企业的便利性，让更多的外地企业能够快速安全高效地落地本区域。

第三，向互联互通借势，以区块链技术扬帆。广东省公共资源交易中心区块链技术运用成功效应带动了不少省份加入其中，鼓励各地交易中心积极探索，但要解决好区块链平台与现有交易平台的协调联动、数据安全保障等问题，同时公共资源交易领域需要进一步突破技术关卡并解决好现有痛点和难点，利用市场化手段发挥优势，让成员单位无后顾之忧。公共资源交易区块链共享应用平台成员需要在认识层面达成共识，不仅考虑自身需求，还需明确大家的需求，因此在建立统一标准的同时，成员单位之间要积极合作，拓展新模式，让不同领域、不同地区的机构共同合作，推陈出新。

附录　华南地区参与本次问卷调查工作人员

（按汉字拼音字母顺序排序）

IGDS 福建省负责人：高绍福

IGDS 福州负责人：郑林淼
方立新，李芸菲，林秀清，卢生，孙林清，张文秀，郑玲芳

IGDS 龙岩负责人：祝群
邓沁贤，傅仙玉，郭华玲，卢永煌，苏永达，王双，俞红梅，张卉芳，张璐滢，钟斐

IGDS 南平负责人：王东方
郭建茂，康杰炜，李蓉，陆恒燊，吴梦，肖正涛，许江英

IGDS 宁德负责人：周俪
陈明，陈清华，陈雯，江柏棠，连秀芳，史伟昌，翁冰清，吴宝清，张书仪

IGDS 莆田负责人：陈海峰
陈楚红，陈金森，陈凌云，陈雄震，陈昱杉，陈震宇，李彩霞，林少健，林卫东，林文洪，林志荣，刘贞萍，卢丽群，施剑辉，苏谋钦，唐志鸿，翁珍珠，吴国华，杨冬雪，杨秀萍，游山，张淑萍，郑金良，郑静，朱飞鹏

IGDS 泉州负责人：黄世旺
陈进，池毓烺，雷鑫，林剑，林克涛，吕赫阳，日珥，石玉婷，王志超，吴明华，吴有珍，谢佼斐，叶颉，余鲲鹏，朱应开

IGDS 三明负责人：李军龙
蔡芳娜，陈宇杰，陈玉钗，林发焕，曾丽诗，周玲

IGDS 厦门负责人：刘冰

陈国梁，郭瑛，柯秀微，李珊珊，梁万龙，刘坤，罗雄伟，吕银花，沈易辰，孙秀环，吴梦圆，吴师尧，谢滨娜，叶育琴，郑斯怡

IGDS 漳州负责人：杨毅猛

董朝晖，方阿燕，甘桂梅，林松峰

IGDS 广东省负责人：陈再齐

IGDS 东莞负责人：谷进华

陈云，黄炜庆，吴泽辉，萧慧君

IGDS 佛山负责人：钟陆文

黄泳茹，邱利萍

IGDS 广州负责人：钱金保

甘焕辉，关慧琳，郭仲先，何影影，金万富，李东生，李荷雨，李嘉驹，李建国，李恺健，梁蒿，廖剑敏，刘鹏飞，刘思杭，徐汉柱，杨倩，杨胤豪

IGDS 河源负责人：黄坡良

谢恒烺

IGDS 惠州负责人：陈国汉

陈伟鹏，李莉，杨春梅

IGDS 江门负责人：姜文仙

欧颖倩，阙书琴

IGDS 揭阳负责人：李童彬

陈沛捷，方宏森，罗集丰，詹伟宏，张利雄，郑苑婷

IGDS 茂名负责人：张大为

胡飘予，胡兴港，柯春媛，梁宇鹏，谭润华，唐炜，王国彦，巫海兰，易明浩，于婧

IGDS 梅州负责人：孙博

高小明，罗清玲，魏裕，谢建

IGDS **清远负责人：刘慧**

李志道

IGDS **汕头负责人：蔡婉贞**

陈潮鹏，陈丽文，蚁燕玲，张佳芸

IGDS **汕尾负责人：王跃德**

李轲，李敏，彭娘江，王世红，叶丽卡

IGDS **韶关负责人：涂智苹**

白顺平，曾必成，付永，侯志刚，李振声，毛忠林，宁效伟，欧阳婷，田苗苗，钟倩，朱细华

IGDS **深圳负责人：刘伟丽**

白建华，包文凯，陈芯琼，方美满，冯阿纯，郭靖琳，黄继业，李丰安，李甜荛，李子晴，林纯静，林焜腾，宋胜曦，田佳欣，王美荣，姚刚，叶小楠，尹洁，张琳，张映锐，周文飞

IGDS **阳江负责人：杨伟**

何红林

IGDS **云浮负责人：沈志端**

陈谷平，陈卓斯，官小玲，郭丽，李大海，王超

IGDS **湛江负责人：张海峰**

曹濒，曹程威，曹阳，陈丹清，陈锐，崔昊，邓晓开，丁勇，董晨，何莲，黄思杰，黄振宇，李艺鑫，刘伏云，刘毛娃，刘珊，刘云晴，罗颖茵，马林超，夏轶，谢铿铮，许文坚，颜于蓝，杨侗瑀，臧澜娇，张鹏飞，张庆，周广巍，周自阳，朱艳玲

IGDS **肇庆负责人：陈章波**

李燕雯，袁思芜，张豪愚

IGDS **中山负责人：多淑杰**

郭素红，律素华，吴泳茵

IGDS 珠海负责人：陈蕾

段嘉辉，黎少君，王渊，易佳莹，张璐

IGDS 广西壮族自治区负责人：刘金林

IGDS 防城港负责人：李展儒

李展儒

IGDS 贵港负责人：韦捷

卫钎飞

IGDS 桂林负责人：周茜

刘躲，唐性涛

IGDS 河池负责人：李晓东

IGDS 贺州负责人：蒋玉莲

李勍，李贞伟，韦武昌

IGDS 柳州负责人：李钊阳

吉玲，江贤泉，龙凤俊，容君成

IGDS 南宁负责人：罗少科

蓝凤壮，孙文致，张月金

IGDS 梧州负责人：杨军平

陈冬萍，陈锦婵，冯炳贤，黄晓东，刘思行，莫巧萍，欧洁兰，石家华，覃安恒，王华，吴荣富，谢海欢，张欢，朱俊聪

IGDS 海南省负责人：康霖

IGDS 儋州负责人：陈敦茂

王丽莎

IGDS 海口负责人：何宏米

符秀梅，黄海州，姜阳，李日瑶，卢金凤，马晓铭，孙悦，谭红旭，张冬，张绪元

IGDS 三沙负责人：蔡华文

罗玥宛，卫建国，张伟

IGDS 三亚负责人：鲁晓丽

曹力文，陈晓宇，窦家芸，段雅倩，李汉晨，刘涛，钱峥宇，宋纭鹤，王海飞，王伟，肖宇航，赵毅博，赵昱清，朱鸿章

九　西南地区包容性营商环境分析

范应胜

（一）　西南地区营商环境问卷调查情况概述

截至 2022 年 4 月 12 日，西南地区共计回收有效问卷 224 份，整体问卷质量优秀、样本分布结构科学，结果客观科学可预测。从问卷调查情况看，主要呈现以下几个特点：

1. 样本受教育程度高，结构合理

从样本分布情况看，受访者女性占比 84.61%，年龄集中在 20—45 岁，接受过高等教育的占比较大，所占比重达到了 90% 以上，从受访者工作单位类型看，事业单位、私营企业所占比重较大，占比分别为 42.67%、30.60%，同时，党政机关单位人员也占据一定比例。从样本总体情况看，受访者性别比例相当、年龄分布全面、单位性质平均、普遍受过高等教育四项信息为样本分布结构合理的最佳体现。

2. 样本其他重点特征分析

从受访者的政治面貌看，中共党员所占比例较大，达到了 52.15%。受访者获取信息渠道多元，但从主要的途径来看，通过网络、微信途径获取信息的占比较高，占比分别为 50.24% 和

40.25%，对目前的工作满意程度也较高，有95.28%的受访者参加了政府的相关社会保障项目，参与度较高。综合上述有代表性问题的特征分析，受访者自然状况良好，增强了对营商环境调研判断的科学性和客观性。

（二）西南地区营商环境现状评价

1. 营商环境建设的满意度略低于全国平均水平

近年来，西南地区各省认真贯彻落实党中央、国务院关于优化营商环境建设的一系列决策部署。如：2019 年以来，云南省分别从企业用电、用水、用气报装、企业注册登记、政务服务、知识产权、政府采购、获得信贷、信用建设等领域为突破口，对标国际规则和最高标准，全省上下锐意创新、团结奋斗、埋头苦干，大力度大范围推进一系列优化营商环境改革，取得明显成效。以云南省为例，从云南省总体调查情况看，被调查对象在以全国平均水平为准，对当地营商环境建设的满意度评价得分为 5.8 分（10 分制），略低于全国平均水平，这表明被调查对象认为所在区域的营商环境的建设和优化力度应进一步加大，与部分发达地区相比还存在一定差距。在营商环境分项评价中，受访群体对税收优惠、法治建设的满意度较高，满意度得分明显高于政策优惠、市场秩序和政府服务。相对而言，政府在下一步建设和优化营商环境时应将工作重点放在建立公平公正的市场秩序，并提供政策优惠等方面。与此同时，公众对于当地营商环境建设的了解程度也在一定程度上反映了当地营商环境建设的质量，云南省被调查对象对当地营商环境了解程度得分为 5.74 分（10 分制），略高于全国平均水平，但仍然有19.23%的被调查对象对当地营商环境建设了解不够。

结合以上两项数据分析，云南省营商环境建设水平与公众满意度略低于全国平均水平，相关政府部门应在营商环境建设的宣传、市场秩序的建设以及提供更多政策优惠方面加大工作推进力度，进一步改善和优化营商环境。

2. 政府办事方便程度较为满意，但仍有改进和提高的空间

近年来，随着电子政务与政府办公信息化水平的提高，政府机构的办事工作效率，以及公众办理行政事务的方便程度也大大提高。另外，以审批最少、流程最优、体制最顺、机制最活、效率最高、服务最好为目标的营商环境建设也提高了公众对于政府办事的满意度。如：云南省积极探索和构建政务服务网络模式，利用金融科技手段，开发了移动政务 APP，推动了政务服务模式的创新。对西南地区的问卷调查显示：去政府办事方便程度这项指标的得分为 6.42 分，66.7% 的被调查对象认为去政府办事比较方便和非常方便，而在政府相关网站办理业务方便程度这一项指标得分为 6.12 分，62.8% 的被调查对象认为通过政府相关网站办理业务比较方便和非常方便（见图 9-1）。

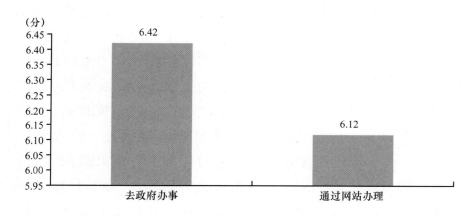

图 9-1　公众对政府办事的满意度

资料来源：中国社会科学院包容性绿色发展跟踪调查 IGDS - A202201I - 15 题（西南地区数据）。

结合以上两项指标数据分析，西南地区在推进政府公众服务方面能够积极探索和创新政务服务新模式，切实增强了企业

和群众的获得感,但与全国相比,两项指标得分还略低于全国平均水平,仍有较大改进和提升的空间。虽然政府相关部门的办事途径多样且效率逐步提高,但我国传统观念中的"熟人社会"思想在人们的行为逻辑中依然占据相当大的比重,如:在本次调研中,云南省有29.49%的被调查对象认为周围的人去政府办事需要找熟人,30.77%的被调查对象认为周围的人去执法机关需要找熟人(见图9-2)。

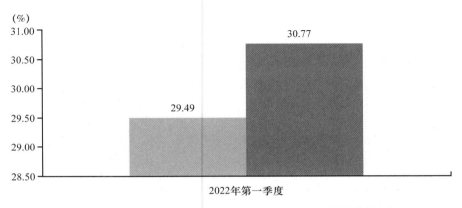

图 9 - 2 公众对政府办事的满意度

资料来源:中国社会科学院包容性绿色发展跟踪调查 IGDS - A202201I - 15 题(云南省数据)。

3. 三因素制约着营商环境的构建

从西南地区的情况看,调研对象认为,市场化水平、清廉的政治生态和国家政策是公众认为影响营商环境最重要的三个因素,所占比重分别为35.90%、33.33%和21.79%(见图9-3),从全国的样本来看,这三个因素依然是大家认为最重要的三个影响因素,所占比重分别为22.30%、33.07%和23.84%。近几年来,我国在优化营商环境方面加大了改革力度,如:政府相关部门加大了"放管服"改革力度,实现简政放权、设立政务统一服务平台,简化行政审批事项等工作措施。从西南地区营商环境优化的情况看，大部分地市均出台了一系列优化营商环境的政策措施，为构建包容性的营商环境提供了政策支持，但从政策实施情况看，部分地区出台的政策实施意见还存在结合地方实际不够、过于原则性、不易操作等问题。企业仍感到部分政府部门行政审批烦琐等问题。相关行业仍然存在恶性竞争、产品质量低下、政府相关部门监管不严、行政审批权力过大、行政干预等弊端。

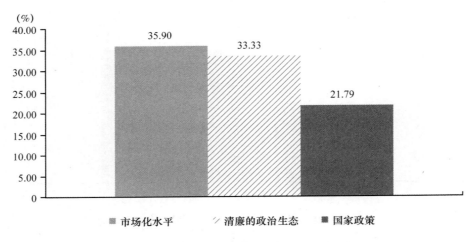

图 9 – 3　影响营商环境构建的三个主要因素

资料来源：中国社会科学院包容性绿色发展跟踪调查 IGDS – A202201I – 20 题（西南地区数据）。

4. 政府改善营商环境主要采取三个主要措施

公众认为政府在改善营商环境上最需要以提升政府公共服务质量、营造公平法治环境以及培养和引进人才这三个方面为工作重点。虽然公众将国家政策、市场化水平以及清廉的政治生态视为影响营商环境最重要的三个因素。但他们认为政府在改善营商环境上最需要提升的三个方面是提升政府公共服务质量、营造公平法治环境以及培养和引进人才。党的十九大以来，为贯彻落实优化营商环境的工作要求，各地方政府出台了一系列优化营商环境的政策措施，主要包括市场监管、商务、信用体系、企业开办、用水用电等领域出台了一系列优化营商环境的政策措施。① 在本次调查中，被调查对象更关注的是地方政府在改善营商环境时的具体做法。调查显示：被调查对象认为提升政府公共服务质量、营造公平法治环境是政府在改善营商环境中最需要做到的，所占比重分别为 79.49%、60.26%，也有接近半数的被调查对象认为政府在改善营商环境时要注重培训和引进人才，这一占比为 47.44%。同时，减税降费（41.03%）、创新监管方式（35.90%）、金融支持（33.33%）也是被调查对象认为政府在改善营商环境时要做到的主要方面。从以上样本统计分析的结果看，我们可以得出以下结论：新时代优化营商环境，必须加快建设高效率的公共服务型政府，公共服务型政府建设应能促进市场在资源配置中决定性作用的发挥；同时，在政策支持营商环境建设上，应充分发挥金融政策方面的作用，通过金融支持，引导信贷资源流向相关领域，满足市场主体的合理融资需求。②

（三）西南地区营商环境优化及金融支持案例分析
——以云南省为例

近年来，西南地区在推动营商环境建设和优化方面均出台了相应的政策措施，加大了政务服务的改革力度，有效提升了营商环境的质量和水平。如：近年来，云南省相继出台了《云南省营商环境提升十大行动》《关于进一步优化营商环境的若干意见》《云南省打造市场化法治化国际化一流营商环境实施方

① 赖先进：《改善优化营商环境的举措、成效与展望——基于世界银行〈营商环境报告 2020〉的分析》，《宏观经济管理》2020 年第 4 期。
② 杨畅、曾津、沙宸冰：《营商环境优化推动了金融支持实体经济吗——基于中国民营制造企业的研究》，《财经科学》2022 年第 2 期。

案》《云南省优化营商环境办法》等一系列政策措施，全省营商环境建设和优化的政策体系不断建立健全。

1. 建立健全政务服务事项标准流程

自 2020 年以来，云南省人民政府高度重视政务服务事项标准化梳理工作，省政府相关部门抽调有关部门人员组成事项梳理组集中攻坚，按照"五级十二同"标准，通过省政府相关部门梳理报送、校验审核、征求各州市和省直部门意见、专家咨询论证、合法性审核等程序，报请云南省推进政府职能转变和"放管服"改革协调小组暨优化营商环境领导小组会议专题研究政府服务事项标准，适时出台了关于调整涉及省级行政权力事项及政务服务事项的相关规定。同时，要求各级、各部门必须把梳理工作摆在重要位置，大力推动行政审批事项改革，在此政策要求下，各有关部门认真贯彻落实省政府决策部署，按要求、按时限圆满完成各自工作任务，实现了"权力大瘦身"。如：省政府办公厅发挥好牵头统筹作用，组织工作人员严格按照流程，认真研究，对有争议的事项充分沟通协调，梳理成果多次多轮征求意见，在此基础上进行了修改完善。依据省级地方性法规、省政府规章等进行全面甄别，按照列入、不列入两类进行梳理。同时，认真贯彻落实省政府关于政务服务事项要做到"该放则放、该管则管"的重要指示精神，对于安全生产、食品药品、生态环境保护等重点领域明确由省级实施的，根据机构改革省级部门"三定"规定，对涉及事项的实施部门作了调整。通过梳理，全省总计有 482 项省级行政权力事项得到了相应调整，135 项取消，对 265 项进行了实施合并，78 项行政权力事项得到了下放，1 项由审批改为备案，3 项省级上收，确保政务服务事项全覆盖。

2. 积极探索和创新金融支持政务服务新模式

中国建设银行云南省分行与云南省政府办公厅于 2018 年 8

月签署了合作协议，共同推动全省"互联网＋政务服务"建设，率先开发了省级政务服务移动端"一部手机办事通"，于2019年1月10日上线。同时，以"一部手机办事通"为切入点，通过省级统一建设和推广应用、搭建了全省共用的网上政务服务平台，服务范围从省级到村级，并与国家平台形成了有效对接，该平台已于2019年12月上线运行。支撑该平台运转的28个系统已建成24个，初步搭建起"一网通办"的总门户。其中，统一事项目录系统全面支撑全省政务服务事项"一库汇聚、同源管理"；政务数据供需平台实现了数据共享交换的全流程数字化模式，已注册数据目录439条，汇聚数据1.41亿条；电子证照系统汇聚了160类、2400万余条证照数据，涉及19个省直部门和单位，一期"亮证"工作实现18种电子证照在"办事通"首页展示；工程建设审批系统在全省应用，率先实现"一张蓝图、一张表单"，将原有的120天审批周期压缩至90天以内，大幅提高审批效率；统一"好差评"系统已在线上线下全渠道铺开，目前，已完成25家省政府相关部门，全省所有州、市数据的接入。这些系统在支持"数字云南"建设，深化"放管服"改革和促进营商环境优化方面都发挥了重要作用。因此，在下一阶段优化营商环境的工作中，云南省将持续推动"一部手机办事通"迭代升级，不断优化网上政务服务平台，持续打通部门业务办理系统，推动跨地区、跨部门、跨层级业务协同，同时，持续完善数据资源中心、电子证照、电子印章等系统功能，加大证照数据汇聚力度，发挥电子印章效力，积极探索运用区块链技术，拓展应用场景，促进办事过程中通过数据共享和证照复用优化服务流程，减少各类证明材料，减轻企业和群众办事负担，大幅提升政务服务智慧化水平。

3. 推动银行支付减费让利，优化金融营商环境

近年来，云南省各级金融机构积极响应支付手续费减费让

利的政策要求，聚焦农村地区广大个体工商户主体，全面调整惠农转账业务手续费，落实减费让利政策，持卡人应付转账汇款和现金汇款业务手续费下降 0.5 元/笔，减费幅度达 16.67%；商户手续费收入每笔上调 1 元，让利幅度达 66.67%，惠农业务链条的全部手续费让利惠农商户，预计全省惠农商户将累计增收 150 万元。强化对辖内法人机构落实减费让利政策的督导调研，做好政策宣传与精准引导，同步组织全省人民银行、商业银行和支付机构通过"线上 + 线下"让减费让利成效完成全渠道公示。截至 2021 年 11 月 8 日，云南省整体支付降费规模达 11799.49 万元，惠及小微企业和个体工商户 105.79 万户，促市场培育成效较好。

对云南省 207 家法人银行、25 家银行分支行及 3 家法人支付机构支付手续费减费让利落实情况进行调查，同时对 879 个市场主体回访调研。调查显示，自 2021 年 9 月 30 日落地以来，97.85% 的受访主体对支付减费让利政策及施行情况表示非常满意。

政策落地后，对 879 个办理支付业务的小微企业和个体工商户开展回访调研，样本涵盖 34 个外省至滇开办企业主体。调查显示，支付减费让利整体政策及施行情况获得市场主体一致好评，97.85% 的受访主体表示非常满意，2.15% 的受访主体表示较满意，政策过渡期至今无投诉无舆情，且约 2% 的受访主体在问题反馈处特意留言感谢国家关心小微企业和个体工商户。

（四）基于普惠金融视角构建包容性营商环境的政策建议

1. 积极搭建政银企对接平台，优化企业融资环境①

建议政府、银行及企业定期不定期举办政银企融资对接

---

① 陈宝东、崔晓雪：《地方政府债务、金融营商环境与实体企业融资约束》，《财政科学》2022 年第 1 期。

会，① 建立健全政银企融资对接机制，由政府提供相关平台，银行向企业宣讲融资政策和金融产品，企业向银行以及政府相关部门反映融资存在的困难和融资需求，实现银行与企业一对一的融资供需对接，从而提高银企融资的精准性和针对性。同时，各银行应充分利用互联网、大数据、人工智能等金融科技手段，搭建银企合作线上平台，实现银行与企业点对点对接，降低银企融资对接成本。②

2. 充分运用政策工具降低企业融资成本

2020 年为应对新冠肺炎疫情对经济的不利影响，中国人民银行出台了金融支持稳企业保就业相关工作措施，设立了普惠小微企业贷款延期还本付息和信用贷款支持计划两项直达实体经济的政策工具，执行至 2021 年。2022 年以来，为应对疫情常态化形势，持续做好稳企业保就业工作，中国人民银行对两项直达工具的转换和接续作出了具体安排，将普惠小微企业贷款延期支持工具转换为普惠小微贷款支持工具，普惠小微企业信用贷款支持计划并入支农支小再贷款。在这一政策背景下，各符合条件的金融机构要积极用好政策工具，将政策优惠传导至广大的企业、个体工商户及有关市场主体，充分利用政策工具，加大对小微企业的信贷支持力度，降低融资成本，满足合理的融资需求。③

---

① 马蕊、王阳：《强化金融服务 优化营商环境》，《榆林日报》2022 年 1 月 24 日第 5 版。
② 王蓉、刘斌：《优化"获得信贷"指标的制度因应——营商环境视角》，《银行家》2020 年第 7 期。
③ 王均坦：《结构性货币政策工具实践》，《中国金融》2020 年第 21 期。

3. 强化金融科技手段的运用，提高融资便利性

鼓励金融机构利用大数据分析、人工智能等金融科技手段，创新企业金融服务产品，创新线上融资模式，推广和使用线上金融服务产品，提高企业获得信贷的便利性。[①] 如：云南省富滇银行创新推出了"银行＋科技公司＋基层党组织"肉牛活体抵押贷款新模式，该模式通过肉牛养殖乡镇及村级，与基层党组织对接，利用动产融资统一登记公示系统为 76 户养殖户养殖的 1067 头肉牛办理了动产融资登记，执行 4.25% 的贷款年化利率，较该行涉农贷款平均利率低 2.38 个百分点，未产生评估及登记费用，大幅降低了肉牛养殖户的融资成本。

4. 打造高水平的普惠金融市场体系助推营商环境优化

建立健全普惠金融服务体系，强化信贷政策的引导，引导银行、证券、保险等金融机构优化信贷资源投放结构，结合国家普惠金融服务政策要求，加大对小微企业和"三农"等弱势群体的金融支持力度，持续深化小微企业和农村金融产品和服务方式创新，满足国民经济薄弱领域的差异化的金融服务需求。同时，相关政府、银行等部门要继续加强"三农"和小微金融产品创新相配套的保障和服务平台建设，针对农户、小微企业等普惠群体的融资需求和特点，建立专门的普惠融资辅导机制，出台有效政策扶持普惠群体获得金融服务。[②]

---

① 林磊明：《金融科技赋能普惠金融发展》，《中国金融》2022 年第 2 期。

② 刘军弟、张亚新：《我国普惠金融发展的地区差异及其影响因素》，《沈阳工业大学学报》（社会科学版）2020 年第 6 期。

附录　西南地区参与本次问卷调查工作人员

（按汉字拼音字母顺序排序）

IGDS 重庆市负责人：李敬

IGDS 巴南区负责人：张丽

邓敏，计超，李佳嘉，张丽，张晓艾，赵炜科，周芯宇

IGDS 北碚区负责人：杜彬恒

IGDS 璧山区负责人：陈海燕

程心，康珊珊

IGDS 长寿区负责人：张闯

IGDS 合川区负责人：刘刚

刘万琼

IGDS 江北区负责人：莫远明

张焕

IGDS 九龙坡区负责人：姜申未

胡春林，李月如，王柳娜

IGDS 梁平区负责人：汪晓宇

李世莲，马一芳，王新月，温霞

IGDS 南岸区负责人：张驰

高涵迪，莫远明，尼莫，冉梨

IGDS 南川区负责人：王凤阁

冯永飞，任攀，吴昆

IGDS 黔江区负责人：董颖

周明瑜

IGDS 沙坪坝区负责人：马文斌

冯晋，王维，赵林

IGDS 潼南区负责人：李柱

IGDS 铜梁区负责人：杨军

谭秀兰，王丹，张成渝

IGDS 武隆区负责人：冉梨

朱迪

IGDS 永川区负责人：许诗康

周金鑫

IGDS 渝中区负责人：朱莉芬

李佶龙，许诗康，朱颖，朱琴

IGDS 渝北区负责人：张桂君

杜小娟，杜小娟，胡小小，张杰

IGDS 贵州省负责人：肖小虹

IGDS 安顺市负责人：谢雨静

杨开银

IGDS 贵阳市负责人：黄鸿钰

蒙昱竹，杨晶，杨涛，姚远，于闯，张丹

IGDS 六盘水市负责人：谢祥

严仕品

IGDS 黔南州负责人：李大筠

刘丽晖，陆光海

IGDS 黔西南州负责人：彭芳

李花女，孙红梅，张黎明

IGDS 铜仁市负责人：杨建

IGDS 遵义市负责人：胡红茜

冉卉明，帅庆容，张城俊

IGDS 四川省负责人：龚勤林

IGDS 成都市：

白钟雄，侯晓华，李蜀江，李琳，李栋梁，梁思鸿，隋佳
倬，王晓文，吴瑞琴，张延昕，詹芸峤

IGDS 广安市负责人：莫兴隆

IGDS 南充市负责人：李汶霖

IGDS 遂宁市负责人：梁言

IGDS 宜宾市负责人：罗毅

IGDS 西藏自治区负责人：图登克珠

IGDS 阿里地区负责人：杨阿维

李耀华，闫江涛

IGDS 昌都市负责人：方龙伟

IGDS 拉萨市负责人：陈小艳

付玉，纪永昌，刘思，马桂华，沈小霞，宋子文，索菲娅，王建南，杨阿维，杨川

IGDS 那曲市负责人：王亮

曲罗

IGDS 日喀则市负责人：黄全花

IGDS 山南市负责人：朱佳

IGDS 云南省负责人：张国胜

IGDS 保山市负责人：范应胜

范华帅，郭应海，焦雪娟，李满娟，杨梓，杨埒，张国梅，赵庆

IGDS 楚雄州负责人：刘泽熙

杨洋

IGDS 大理州负责人：陆艳珍

董玲，梁峰华，严海莲，赵金桥

IGDS 德宏州负责人：曹韩

蔡珂珍，王尹福，尹小敏

IGDS 迪庆州负责人：

杨志孝

IGDS 红河州负责人：罗琳

李思洁，刘海青，秦赟，容芳，苏英，朱周芬

IGDS 昆明市负责人：陈瑛

蔡华龙，李欣珏，李晋阳，刘姿含，钱文祥，水淼，孙玲，许多多，周子乂

IGDS 丽江市负责人：和燕杰

唐俊波，吴晓莉，杨冬梅

IGDS 临沧市负责人：罗文钦

杨科城

IGDS 怒江州负责人：王丽芝

IGDS 普洱市负责人：王玮

代亚贤，杜益瑞，雷婷媛，李密，李柏蓉，孙琳，万晓婷，王玮，肖佩宜，许扬阳，杨晓苑，曾逢春

IGDS 曲靖市负责人：何章华

蔡馥敏

IGDS 西双版纳州负责人：高琳

贺春雪

IGDS 玉溪市负责人：章林

刘承林，王彩龙，杨斌

IGDS 昭通市负责人：周灿

十　西北地区包容性营商环境分析

刘　辉　杨嘉歆　郭子璐

（一）问卷发放与样本分布特征

西北地区共回收有效问卷 426 份。在回收的有效问卷中，被调查人中男性占 55.97%，大学本科及以上学历被调查人数占比超过 80%，总体来说，西北地区五省份的调研对象男女比例相当，学历、行业分布较为合理，调查结果能够较好地反映调研所在城市的经济运行与营商环境的客观事实，整个调查具有较高科学性与预测性。

（二）西北地区包容性营商环境现状评价

在当前大环境下，全球新冠肺炎疫情仍在蔓延，得益于出色的疫情防控，我国在经济恢复方面做得较好。虽然我国当前仍面临物价水平持续提高及就业形势严峻等挑战，但西北地区超过 60% 的被调查对象认为 2022 年第一季度全国经济增速和出口总量同比、环比保持持平或上升趋势。公众对于经济增长的信心源于政府的有效治理，特别是西北地区五个省份相继出台旨在优化营商环境、维护市场主体合法权益、激发市场活力、促进经济社会高质量发展的相关条例后，各地营商环境改善明显，经济发展势头良好。当前西北地区包容性营商环境总体现状及其内部对比分析如下：

1. 营商环境满意度评价

从对营商环境满意度的调查结果整体来看，西北地区营商环境满意度（6.31分）不容乐观，低于全国平均水平（6.44分）；横向对比总体营商环境满意度得分仅高于华北地区和东北地区。这表明被调查对象对当地的营商环境建设不是很满意，还有很多可以改进和提升的空间。

进一步从西北地区营商环境分项得分分析，法治建设和税收优惠两个维度的满意度高于总体营商环境满意度，说明国家在推进依法治国和税收减免政策落实两方面让民众获得感强、满意度较高。政府服务（6.16分）、市场秩序（6.14分）和政策优惠（6.30分）三个分项得分低于总体营商环境得分（6.31分），表明这些是西北地区营商环境建设中的短板。

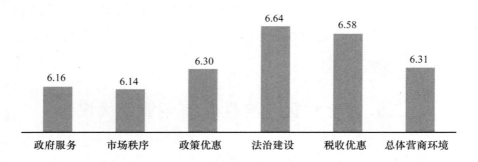

图 10 - 1　西北地区受访者对营商环境满意度得分

资料来源：中国社会科学院包容性绿色发展跟踪调查 IGDS - A2022011 - 14 题（西北地区数据）。

从营商环境的五个维度进一步分析，西北地区在政府服务、市场秩序、法治建设三个方面也均低于全国平均水平，税收优惠和政策优惠两个略高于全国平均水平。与其他地区进行对比分析，五个维度的满意度与总体满意度顺序一致，都仅高于华北和东北两个地区。

　　从西北地区五个省份对比来看，省份之间也有差异。宁夏营商环境总体满意度较高（6.88 分），陕西省总体营商环境满意度较低（5.84 分）。陕西省满意度较低的原因，从营商环境分项分析主要在政府的税收和优惠政策方面得分较差。

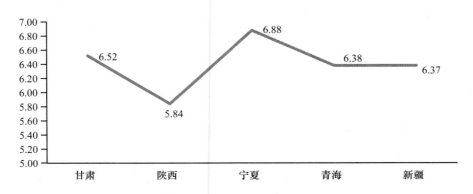

图 10 - 2　西北地区各省份受访者对营商环境满意度得分

资料来源：中国社会科学院包容性绿色发展跟踪调查 IGDS－A202201I－14 题（西北地区数据）。

　　综合以上数据分析，西北地区由于经济水平等受限，总体营商环境满意度低于全国平均水平；内部比较，陕西省在西北地区五省份中得分最低，需要在做好政策优惠和提供优厚税收优惠的基础之上，通过提高政府服务水平、规范市场秩序和提升法治建设三个方面来改善营商环境。

2. 政务服务环境现状评价

　　随着建设人民满意的服务型政府、推进国家治理体系和治理能力现代化加快推进，西北地区通过优化政务服务，提高政府效能，便利群众办事生活，政府办事方便程度进一步提升。

　　西北地区被调查对象认为去政府办事比较方便（6.77 分），满意程度略高于全国平均水平（6.69 分）。但是西北地区政府网上办理业务的方便程度不高（6.67分），低于全国平均水平（6.68分）。西北地区政府在提升政府工作效能方面有较高提升，但是在网上运营平台、协同办公建设方面还要提升改造，同时需要面对群众加大网上平台的宣传和培训力度，提升群众网上办理业务的便利程度。

虽然政府相关部门办事效率进一步提高，便利化程度很高，但在采访中西北地区仍有29.4%的受访者认为周围的人去执法机关办事需要找熟人，27.8%的受访者认为去政府办事需要找熟人。

通过对西北地区五省份的调查结果对比，青海、陕西的政府办事便利化和网站办理业务便利化两个指标的满意度较低，低于西北地区的平均水平；另外政府的公正性进一步加强，去政府和执法机关均表示不需要找熟人，比例最低的陕西省也超过了42.97%，但是仍有一定比例的受访者认为需要找熟人，清廉的政治生态建设一直在路上，仍需加强。

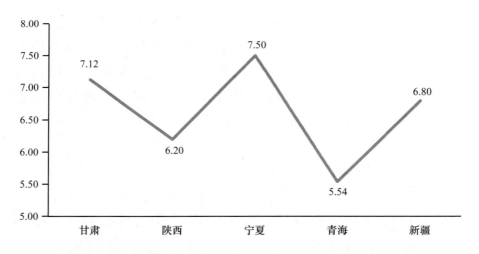

图 10-3　西北地区各省份受访者对去政府办事便利性满意度得分

资料来源：中国社会科学院包容性绿色发展跟踪调查 IGDS - A202201I - 15 题（西北地区数据）。

3. 自然生态环境建设现状评价

"坚持人与自然和谐共生",建设美丽中国是新时代坚持和发展中国特色社会主义的基本方略。[①] 西北地区认真贯彻新发展理念,牢固树立"绿水青山就是金山银山"的发展理念,自然生态环境建设效果较好。

从调研数据看,全国关于当地政府对环境污染的重视程度平均得分为 6.99 分,西北地区平均得分为 7.04 分,表明地方政府在经济发展中需处理好经济发展与环境保护的关系,在做好环境保护和治理工作的同时,也要确保有市场、有效益、符合环保要求的企业更好发展。在民众中也树立了在环境保护的前提下,发展经济的生态思想进一步牢固。

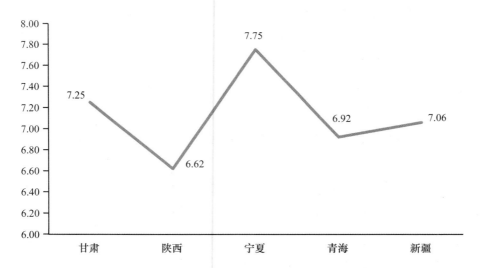

图 10 - 4 西北地区各省份受访者评价政府对环境污染重视程度得分

资料来源:中国社会科学院包容性绿色发展跟踪调查 IGDS - A202201I - 32 题(西北地区数据)。

———————

① 李公乐:《正确认识经济发展与环境保护的关系》,《经济日报》2019 年 12 月 18 日第 5 版。

　　对西北地区五省份数据进行对比分析，陕西、青海的受访者认为当地政府对环境污染的重视程度平均得分低于全国平均分，西北地区相对于我国其他地区是一个经济落后、生态脆弱及污染严重的地区，面临着发展经济和保护环境的双重任务。

4. 基础设施环境建设现状评价

　　城市基础设施的改善是包容性营商环境优化的重要组成部分，也是城市综合竞争力的直观体现，关乎城市美誉度、项目承载力和百姓幸福度。本部分调查主要从街道卫生、公共交通、堵车程度、电动汽车使用便利程度四个维度去分析。

　　从调查结果来看，西北地区环境卫生满意程度基本达到全国平均水平，但是民众对环境卫生满意度得分为 6.8 分，这与华东、华中地区还有明显的差距，除了自然环境因素以外，西北地区还需要进一步加强环境卫生整治，提升城市环境；西北地区公共交通和道路基础设施需要进一步提升，西北地区公共交通出行方便程度（6.68 分）低于全国平均水平（7.12 分），是七个地区中最低的；开车堵车程度（6.19 分）高于全国平均水平（6.04 分）；使用电动汽车便利程度（5.75 分）仅高于东北地区。

　　西北地区五省份内部比较，陕西、青海的受访者在环境卫生和交通状况两个方面的满意度较差，新疆的公共交通便利性满意度最低，电动汽车使用的便利程度普遍较低。综合以上调查结果，西北地区在基础设施建设方面与其他地区相比较总体不足，需要进一步加大投入，特别是在以电动车充电为代表的新型基础设施方面要加大投入；同时陕西省和青海省需要进一步加强环境卫生综合整治。

5. 人文环境建设现状评价

　　包容性人文环境的重要性进一步凸显，其中关于是否欢迎

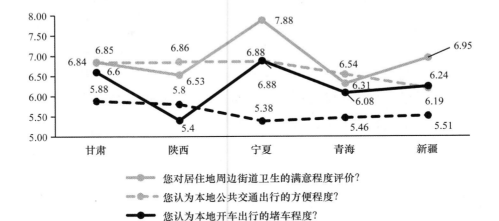

图10-5 西北地区各省受访者对基础设施环境评价得分

资料来源：中国社会科学院包容性绿色发展跟踪调查 IGDS - A202201I - 28、29、30、31题（西北地区数据）。

外地人到本地就业和生活的调查数据显示，西北地区的开放性和包容性也进一步增强，西北地区的平均值达到 7.99 分，高于全国 0.3 分，仅次于华中地区和东北地区；大学生就业的公平性也进一步提升，西北地区 48.4% 的受访者认为大学生在当地找平均收入的工作不需要托关系，高于全国的比例（45.35%）；员工在企业的成长环境也更加公平，认为努力工作和升职之间的关系很大，平均分为 6 分；认为当地收入差距比较合理，平均得分为 5.6，具体造成收入差距的最主要因素是个人的努力程度、家庭背景、机遇三个因素。

就西北地区五省份之间的调查数据对比来看，各省份之间存在一定的差异性。其中对于外地人到本地就业和生活的欢迎程度，宁夏、新疆和甘肃的得分均在 8 分以上，陕西（7.57分）和青海（6.62 分）得分偏低，这反映出不同地域文化对人才的包容程度不同，也体现出各地人才需求程度存在差异。这一问题具体在大学生就业环境各省份对比中，宁夏和陕西都有超过 50% 的受访者认为需要请托关系；在企业内部环境文化方面，西北地区五省份的被调查者都认为在企业努力工作，获得上司肯定与升职的可能性超过 5 分（10 分制），对于当地收入差距比较合理感知上，各省份的得分都超过了 5 分，这些调查结果展示出，作为市场化运营的企业对于人才评价和收入分配方面相对是比较公平的，更看重个人的努力付出。

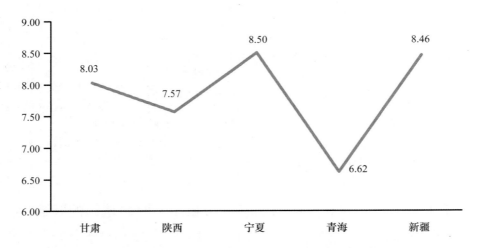

图 10 - 6　西北地区各省份受访者对外地人到本地就业的欢迎程度得分
资料来源：中国社会科学院包容性绿色发展跟踪调查 IGDS - A202201I - 24 题（西北地区数据）。

6. 包容性营商环境的影响因素认知

西北地区调研对象认为，清廉的政治生态、市场化水平和国家政策是公众认为影响包容性营商环境最重要的三个因素。从全国的样本来看，这三个因素依然是大家认为最重要的三个影响因素。首先，清廉的政治生态是一个地方拥有良好营商环境基本的前提，高效便捷的政务环境、公平有序的市场环境是市场竞争的基础；其次，市场化水平反映产业集聚和市场活跃程度，产业基础好，市场潜力和产业集聚规模大，专业化协作水平高，各项功能配套完善，这也是影响西北地区营商环境的重要因素；最后，国家及地方政策也是影响营商环境的重要因素之一，国家和地方政策的产业导向，特别是优惠的财税政策和服务政策对于吸引投资影响显著。

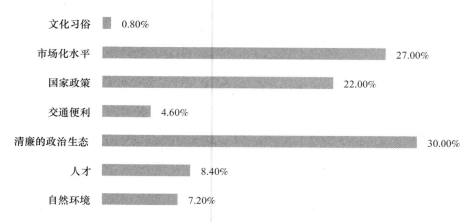

图 10-7　西北地区受访者对包容性营商环境主要影响因素认知

资料来源：中国社会科学院包容性绿色发展跟踪调查 IGDS - A202201I - 20 题（西北地区数据）。

人才也是营商环境的重要影响因素，在受访者留在当地工作原因中，全国受访者表示家乡因素（本地人，离家比较近）、下一代可以接受更好的教育、就业机会更多、交通便利四个因素比例超过 20%，家乡因素比例最高达到 68%；西北地区受访者留在当地工作的原因中，家乡因素和就业机会多两个因素超过 20%。

7. 包容性营商环境优化路径

经过调查，西北地区受访者认为提升政府公共服务质量、营造公平法治环境与培训和引进人才是进一步提升包容性营商环境最重要的三个方向，选择比率均超过了 50%。其中，83.36% 的受访者认为提升政府公共服务质量是最重要的路径，61.12% 的受访者认为营造公平的法治环境是改善包容性营商环

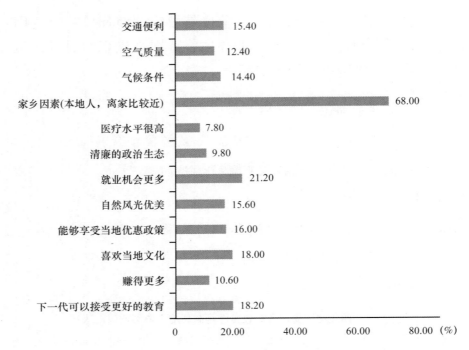

图 10 - 8　西北地区受访者留在本地工作的主要原因认知

资料来源：中国社会科学院包容性绿色发展跟踪调查 IGDS - A202201I - 21 题（西北地区数据）。

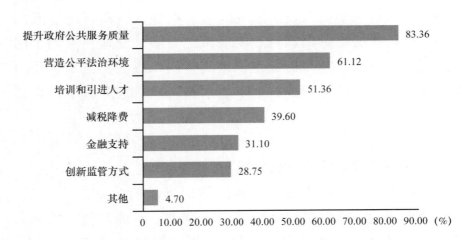

图 10 - 9　西北地区受访者对包容性营商环境的优化路径认知

资料来源：中国社会科学院包容性绿色发展跟踪调查 IGDS - A202201I - 34 题（西北地区数据）。

境的重要路径，51.36%的受访者认为培训和引进人才是改善包容性营商环境的重要路径。同时，我们也关注到减税降费（39.60%）、金融支持（31.10%）和创新监管方式（28.75%）是社会公众给予关注的路径。就这一项，西北地区与全国其他地区以及西北地区内部调查结果分布基本一致。

从以上样本统计分析的结果看，政府是营商环境的主体，需要政府在简政放权、优化审批流程以及提供更优质的公共服务上下功夫，助力提升包容性营商环境。当前，我国正处于改革开放持续深化关键阶段，国家不断加大"放管服"改革力度，但是西北地区在贯彻落实过程中，仍存在理念意识滞后、服务意识不强、综合业务能力不足、工作表现惰性等问题，导致政策执行迟缓、执行力度不够等现象仍然存在；个别政府服务领域依然存在制度性门槛，办事流程复杂、办事效率低下，企业无法及时、准确、完整地获取政策消息，甚至一些偏远地区还出现企业去政府部门办事碰一鼻子灰的情况。按照高质量发展要求，需要各级政府加快转变思想观念，破除体制机制障碍，鼓励办事机关接地气、有担当，提高基层工作人员服务的主动性，要加快服务型政府建设，下沉办事权限，切实提高基层工作人员的办事能力和综合素质，进一步提升政府形象和企业满意度。同时，我们也要在营造公平法治环境、培训和引进人才以及减税降费、金融支持和创新监管方式等政策上综合发力，进一步推进西北地区包容性营商环境的优化和建设。

（三）陕西省包容性营商环境建设实践案例

2019 年以来，陕西认真落实党中央、国务院决策部署，陕西省以"三个持续"（市场主体持续增加，民间投资持续上升、企业成本持续下降）和"三个一"（一扇门、一张网、一次办）为目标，深入实施"五大专项行动"，包容性营商环境建设取得新进展、新成效，形成了一批原创性、差异化的典型案例和先进经验。

案例1：西安市建设宜居宜业环境　提升包容普惠创新水平

发挥"双创"引擎作用，助力高质量发展。优化升级创新创业载体，大力发展众创载体，建设国家级科技企业孵化器、国家级备案众创空间。加强校地联合发展，西安交通大学与西咸新区联合建设中国西部科技创新港——智慧学镇。组织开展"校友经济"活动，引导国内外优质资本、人才、项目落地。促进创新链和产业链深度融合，深化科技金融融合，推动总规模1亿元的"陕西省中兴创新投资基金"项目落地，重点支持信息通信技术、数字新媒体领域内的初期、早期企业。设立大西安产业基金科技发展基金群，以财政引导资金带动社会资本投资，以"引导基金＋子基金"形式投资科技型企业。统筹运用股权投资、融资担保、上市激励、"引导基金＋风险补偿"等方式，支持中小微企业融资担保服务体系建设。推动职务科技成果转化，赋予科研人员职务科技成果所有权或长期使用权，支持试点单位与成果完成人之间，通过约定权属比例的方式，对职务科技成果进行分割确权，提高成果完成人深入参与科技成果转化的积极性。

大力提升基本公共服务，提升居民获得感。创新养老服务供给，放开养老服务市场，取消养老机构设立许可，由区县（开发区）依法做好备案管理，赋予区县（开发区）养老服务的自主权。鼓励各类社会资本进入养老服务领域，支持社会力量运营社区养老服务站，为老年人提供生活照料、康复护理、文化娱乐等服务。实施"名校＋"工程，将理念先进、管理科学、师资雄厚、质量一流的学校作为"名校"，将发展潜力、提升空间大的学校或新建学校作为"＋校"，组建市区"名校＋"，以输出"名校"办学理念、教育教学方法和先进管理为中心，以输出优秀队伍为关键，引领"＋校"快速发展，构建共生共赢合作机制，扩大优质教育资源总量，推动全市优质教育资源均衡覆盖，缓解"择校热"现象。

创新人才引进方式，加大人才引进力度。推动档案服务改革，对托管档案实行数字化信息管理，助力"最多跑一次""异地查询""数据共享"，建设市流动人员人事档案信息统一管理平台，推进流动人员人事档案信息化建设。加强人力资源服务机构管理，统一按照注册登记地划分，就近就便办理人力资源服务机构设立审批事项，由各区（县）人社部门实行属地化监管。开展人力资源市场专项整治活动，按照"双随机、一公开"工作计划安排，对相关人力资源服务机构经营情况进行重点检查。开展线上人才引进活动，开展春季高层次人才引进活动，借助专业互联网招聘平台，通过"网络交流＋视频面谈"的形式，为重点单位招贤纳士。开展重点项目和重点行业引进高端急需紧缺人才在线精准对接会，面向海内外人才精准推送重点项目、重点行业和重点单位中高端人才需求信息，发出定向邀约，并提供职位对接、在线宣讲、在线面谈面试、职业发展咨询和相关数据统计等服务。

案例2：铜川市深化政府采购"放管服"改革进一步优化营商环境

铜川市开展政府采购领域优化营商环境专项行动，采取系列措施优化政府采购环境，进一步降低了参与政府采购的门槛，激发了市场主体活力。

"放"出活力，保障市场主体平等参与采购活动。一是清除不合理限制条件和流程。全面清理妨碍公平竞争的规定和做法，细化采购活动办事程序，规范采购活动执行要求，规范保证金收取和退还，及时支付采购资金和运营保证金，完善对供应商的利益损害赔偿和补偿机制。二是优化政府采购交易方式。及时公示采购信息，推进全流程电子化，通过在线发布采购公告、提供采购文件。鼓励社会代理机构通过电子开评标系统开展业务，提高政府采购执行效率。三是取消政府投标保证金。集中采购机构和采购代理机构一律免收投标保证金。确需收取履约保证金的，允许供应商自主选择以支票、汇票、本票、保函（电子保函）等非现金方式缴纳或提供，明确逾期退还履约保证金的责任。同时，积极探索根据项目特点、中小微企业诚信情况等免收履约保证金或降低缴纳比例，进一步激发政府采购市场活力。

"管"出公平，增强政府采购信息透明度。一是规范政府采购信息发布行为。政府采购相关行为主体及时、完整、准确发布政府采购信息，并对其真实性、准确性、合法性负责，有效保障了各类市场主体和社会公众便捷、准确获取政府采购信息的权利。二是严格落实政府采购意向公开。年度采购意向随部门预算一并公开，采购集中采购目录以内或者集中采购限额标准以上的货物、工程、服务采购（不含涉密项目）均在陕西省政府采购网公开采购意向。年度内新增采购项目，至少在公开采购前30日进行意向公开。三是加强政府采购信用记录及运用。通过陕西省政府采购网诚信与评价系统对供应商、采购代理机构和评审专家的信用评价及失信行为记录。

"服"出便利，激发政府采购市场活力。一是压缩采购时限加快采购进度。要求自评审结束之日起必须在1个工作日内送交评审报告，在4个工作日内确定中标或者成交供应商。二是组织做好项目履约验收服务。鼓励采购人自行组织验收或者委托代理机构验收。对于采购人与使用人、服务对象分离的采购项目，邀请实际使用人、服务对象参与验收。政府向社会公众提供的公共服务项目，验收结果及时向社会公告，并将项目验收报告在平台公示备案。三是积极运用政策助力中小微企业发展。在政府采购中通过各种措施切实保障中小企业的利益，提高采购份额。在采购公告、采购文件和中标（成交）通知书中告知供应商政府采购信用融资政策和融资渠道，为供应商融资提供便利。

案例3：安康市岚皋县"一链通办"助力企业开办再提速

安康市岚皋县优化合并税务、银行等多个环节，实现开办企业"照、章、税、银、保、金"全链条六件事半天内"一链通办"，全程"零材料、零费用、零跑路"。

线上线下双同步，审批服务再提速。依托"陕西省企业开办全程网上办服务平台"，推动公安、税务、人社、公积金、银行机构等审批服务单位统一进驻政务大厅，明确专人对公章刻制、发票税控设备申领、社保登记、公积金缴存登记、银行开户等需求逐项对接落实，实现企业线上一网登录、一网填报，审批服务线下同步流转、协同审批。

开展服务预指导，实现事项精准办。在政务大厅开通咨询热线提供预估指导服务，明确专人指导服务，通过热线提前对企业开办涉及的相关政策要求进行讲解说明，对需准备的材料信息进行预估提醒，网办操作时可通过热线予以同步辅导，实现企业开办"专人辅导""一次办成"。

帮办代办齐发力，扩展延伸服务面。组建帮办代办队伍，落实讲解引导、领跑代跑，代领网办结果，免费邮寄到家。政务大厅设置服务专窗，对网办平台推送事项进行梳理、督办，衔接工程建设审批、不动产登记等业务涉及的部门，提供更多更全的咨询引导服务，确保"办事不出大厅""一呼即应、一办到底"。

案例4：杨凌示范区狠抓政策兑现　助力企业发展

杨凌示范区围绕政策发布、流程再造、服务成效三个方面，持续加强政策兑现专区建设，实现惠企资金快兑现，助力企业快速发展。

政策发布"重透明"，让惠企举措一清二楚。一是梳理惠企政策。在 2021 年政策兑现专区梳理政策的基础上，对去年以来各级政府陆续出台发布的惠企政策进行全面梳理，坚持全覆盖，确保无遗漏，形成了示范区惠企政策清单，包括示范区发布的政策性文件 7 件，涉及政策条款 43 条。二是广泛宣传发布。发挥政务服务平台政策发布宣传的主渠道作用，在示范区政务服务网"政策兑现"专栏上向社会统一公布政策全文及政策的办理依据、办理条件、办理流程、申请材料、办事时限、经办人等要素，让办事企业群众知道"怎么办、到哪办、找谁办"，同时加大政策解读力度，进一步提高惠企政策知晓率。

流程再造"重实用"，让企业办事高效便捷。一是简化审批流程。实行惠企政策主管部门和财政部门"两级联动"，部门主动作为，靠前服务，在获得"认定类"项目相关文件后，实行一表审核、转办，按照"无申请兑现 2＋1"模式（政策主管在 2 个工作日完成审核，财政在 1 个工作日内完成拨付），将资金直接拨付到企业。二是压缩兑现时限。"认定类"项目清单惠企政策，实行"无申请兑现"，从项目审核到资金拨付由原来的 15 天缩减至 3 天，全面推进惠企资金"减流程、压时限、快兑现"。

服务成效"重满意"，让企业发展活力倍增。为加快惠企政策兑现工作，示范区成立了政策兑现工作组，由管委会领导担任组长，相关涉及单位全力推进，全力确保惠企资金兑付到位。2022 年初至今，全区共兑现惠企政策资金 960 余万元，受惠企业达 430 家，企业满意度 100%，招商引资一企一策兑现华侨城项目资金 500 万元，麦肯速度一期项目扶持资金 5030 万元。一系列惠企政策扶持和资金支持，增强了企业和社会稳增长稳投资的信心，为企业发展注入了新活力。

（四）包容性营商环境优化路径的政策建议

根据包容性营商环境基本内涵和西北地区包容性营商环境评价结果及成功经验，对西北地区优化包容性营商环境建设路径提出如下政策建议。

1. 突出包容性营商环境内涵建设，持续提高人民群众幸福感与获得感

一是正确认知包容性营商环境内涵。在我国社会主要矛盾已经转变为"人民群众日益增长的美好生活需要与不平衡、不充分的发展之间的矛盾"和更加强调共同富裕的时代背景下，地方政府和市场主体企业作为包容性营商环境建设两个主要的主体，要按照包容性营商环境的基本内涵，破除"唯GDP导向"，正确处理好地方经济发展与人民生活水平提高、优化区域营商环境吸引资本促进企业发展与区域生态环境可持续发展、本地居民的持续生存与发展以及广大企业与小微企业、企业发展与员工发展等之间的包容性发展。

二是全面建设包容性营商环境。在追求效益与公平的进程中，更加关注公平；更加关注弱势群体和小微企业利益；更加重视生态环境建设。在推动公平竞争的国内大市场建设中，要进一步完善市场准入制度去除长期存在的所有制歧视。在市场准入、政府采购尤其是信贷资金配置等方面全面取消对民营中小企业的歧视。鼓励中小企业参与竞争，积极营造公平公正的市场环境，落实竞争中性原则。确保不同市场主体要素的可及性和公平性；确保同等条件下国有企业和非国有企业的信贷可得性。

2. 持续深化"放管服"改革，激发市场主体活力

一是不断提高干部依法履职能力。以国家《优化营商环境

条例》出台为契机，加强条例和各种法规的学习，全面了解掌握法规要求，准确理解把握法规政策，不断提高依法履职能力，努力营造法制化营商环境。

二是进一步加强检查督查。为了进一步有效提高服务质量和水平，不断完善服务效能和好差评制度，强化跟踪问效、严格督查考核，建立服务型政府。加强检查督查力度，围绕优化营商环境开展三级联动民主监督调研和漠视侵害群众利益问题专项整治，及时通报曝光涉及破坏营商环境的典型案例，及时督促问题严重的按期进行整改。

三是持续深化行政审批制度改革。深入推进审批服务事项梳理和流程再造工作，做到基本要素四级统一；进一步缩减市场准入负面清单，推动"非禁即入"普遍落实；稳步推进"一枚印章管审批"，并及时总结有益经验；持续开展"减证便民"行动，实行证明清单式管理。①

3. 加快推进"互联网＋政务服务"，有效提升服务效能

一是持续加大政务数据整合共享力度，建设省市政务数据共享交换平台。对标全国一体化在线政务服务平台标准规范，完善省市政务服务网，推动与国家政务服务平台互联互通。加强与领军互联网企业合作，开发陕西省政务服务 App，实现一批便民服务事项"掌上可办"。建设全省统一公共支付系统，开发全省网上非税支付平台。加快推动政务服务中心规范运行，在省市县三级政务大厅推广"综合窗口"服务模式，编制形成详细、规范、统一的办事指南，并在省政府门户网站和陕西政务服务网公开。

二是积极运用互联网、大数据、人工智能等信息技术，推

---

① 《陕西省人民政府办公厅关于印发贯彻落实〈优化营商环境条例〉实施方案的通知》，《陕西省人民政府公报》2020 年第 15 期。

动政府数字化转型，通过大力推进"数字赋能"深化"放管服"改革，调整优化审批服务事项流程。优化提升数字化政务服务平台和政务热线服务体验，加快推动数字化平台化集成应用和公共数据开放共享。

4. 促进社会信用体系建设，发挥诚信保障作用

一是深耕细作，进一步夯实工作基础。不断完善法规制度，加强基础理论研究，研究制定配套制度，加快推进社会信用体系建设综合性立法。西北地区要抓紧建设覆盖全社会的社会信用体系，全面构建以信用为基础的"政府承诺＋社会监督＋失信问责"新型监管机制，加快推进社会信用体系建设高质量发展。

二是进一步提升服务功能，抓紧推进现有平台网站升级扩能改造，加快推进各级信用平台与其他平台的互联互通，不断提升信用信息归集共享和应用服务水平。

三是发挥重点领域信用建设示范效应，在食品药品、生态环境、工程质量、恶意欠薪等重点领域充分发挥信用监管和惩戒作用成效。发挥社会宣传效应，充分利用外部资源，举办多层级培训班，加强信用政策解读和工作宣传，加强培训、督导和评价，加快构建上下联动、左右联通、齐抓共管的工作格局。由点及面，扩大示范引领效应。

5. 开展包容性营商环境评价，提高社会公众满意度

一是制定包容性营商环境评价方案，明确包容性营商环境评价指标体系。将体现企业和投资方在企业开办与注销程序、获得水电气暖、办理不动产登记、获得信贷难度和成本、纳税服务、跨境贸易和投资便利化、运行成本降低等便利度、时间成本、经济成本的节约程度等方面指标纳入评价指标体系。

二是委托第三方及时开展包容性营商环境评价工作。充分

运用评价系统科学合理采集政府部门、企业、办事人等相关指标数据，并进行同步比对核验，确保评价数据真实准确，评价结果客观公正。以市场主体和社会公众满意度为导向，发挥包容性营商环境评价对优化营商环境的引领和督促作用。

三是注重包容性营商环境评价结果应用。通过分析西北地区各省、县（市、区）的各项指标得分和营商环境便利度排名，掌握各地各项指标的实际情况与其前沿值的差距，准确发现短板不足和共性问题，助力找准深化改革的目标方向，以评促优，以评促改，努力打造稳定、公平、透明、可预期的营商环境，切实推动西北地区各地包容性营商环境不断优化提升。

附录　西北地区参与本次问卷调查工作人员

（按汉字拼音字母顺序排序）

IGDS 甘肃省负责人：赵前前

IGDS 白银负责人：张尊翔

常青，陈景峰，郭宏娟，李和武，强军莹，宋燕斌，孙文娟，王雅婷，王雲建，吴俊瑾，吴有春，张铭铖，张舒玉，赵亮，周尚玲

IGDS 定西负责人：王正鹏

韩丽蓉，毛佩玥，汪治刚，杨江涛，杨江伟

IGDS 嘉峪关负责人：景雪敏

王永华

IGDS 酒泉负责人：王秀芳

白日升，柴仝，董丽婷，董丽苇，范琳娜，高璞，耿金萍，胡晓峰，李根，李娟娟，李娜，刘才，罗建鹏，倪建国，权国伟，王芬，王建勤，王江霞，王利海，王璐，王晓迪，王晓阳，吴晓琴，许生乐，杨琳钰，张琪，张洋

IGDS 兰州负责人：蔺伟虎

陈虹梅，陈崎池，董海玲，豆雪娟，胡佩玉，霍云云，奎炎江，李春民，李睿，李姚，刘风先，刘王芳，刘易，马小慧，南欣彤，时瑞，孙吉祥，田媛，王红，王莹，韦楠楠，温满仓，吴昊，邢旭月，闫瑞雯，姚高丽，于明明，张成，张翠娥，张繁荣，张郝心，张学欣，章成之，郑嘉乐，仲金蓉，朱俊睿

IGDS 临夏负责人：马进虎

马岫岩，马颖，马云山，王一婷，武李博，杨兴强，周建博

IGDS 陇南负责人：陈婷

安军辉，柏娅楠，陈涛，陈玉梅，邓威，杜晓辉，童彤，王君文，王君艳，蒽俊恒，薛志强，张兰，赵王全，赵玉梅，周丽

IGDS 平凉负责人：燕君明

樊小康，何佩，潘磊

IGDS 庆阳负责人：李啸军

白焕，韩超，何天福，贾建龙，刘润泽，刘新科，罗茜，彭佩超，王会周，王荣房，王小平，王玉，魏利平，杨阳，张辉，张洁，张珂，张明宝，张玮

IGDS 天水负责人：杜建芳

牛志伟

IGDS 武威负责人：王泽武

黄雨石，鲁德斌

IGDS 张掖负责人：王健

程宏斌，武国茂，邢琳，周伟

IGDS 宁夏回族自治区负责人：冯蛟

IGDS 石嘴山负责人：吴伟

马有良

IGDS 银川负责人：王瑛

刘宝山，马文杰，王婷

IGDS 中卫负责人：周学勤

IGDS 青海省负责人：陈文烈

IGDS 海北负责人：李娜

胡锦辉

IGDS 海东负责人：李燕丽

班玛

IGDS 西宁负责人：周明顺

何旭，李娜，李嵘，李小琴，李燕丽，马玉芳

IGDS 玉树负责人：李小琴

桑曲措毛

IGDS 陕西省负责人：吴振磊

IGDS 宝鸡负责人：刘辉

黄炜，李卫强，吕江芹，彭冬，孙海云，童力冲，脱洪武，王慧，余爱云，张永刚

IGDS 汉中负责人：胡仪元

梁嘉琪，屈汉杰，王红，王鹏翔，张萌

IGDS 商洛负责人：王怡

李泓波，刘龙龙，杨华，张晓倩，张雪，赵子越

IGDS 铜川负责人：王渊

IGDS 渭南负责人：李富荣

韩小刚，霍亚东，王朝霞

IGDS 西安负责人：吴丰华

曹君丽，崔云昊，鄂晚爽，郭双颜，纪安，李华，梁媛，刘建稳，吕娜，王洁瑷，魏晓飞，武琦，杨冰，杨明琴，张雷

IGDS 咸阳负责人：柴建

刘改银，张崇君，朱建永

IGDS 榆林负责人：胡海青

郭一卓，李安平，孟庆旭

IGDS 新疆维吾尔自治区负责人：王宏丽

IGDS 阿勒泰负责人：王贵花

邵明丽

IGDS 巴音郭楞负责人：王建军

鄢春华

IGDS 和田负责人：刘景霞

艾肯·阿布拉，曾金荣，陈彬，古丽，郭睿，李国豪，李帅，刘怀云，刘亚林，马瑞峰，芮云，施桂花，石兆祥，汤雅凤，王宝山，王小利，卫明丽，谢普凯提江·伊敏，辛沛兴，张亚军，赵飞，祖丽

IGDS 喀什负责人：王丰效

唐子兴

IGDS 克拉玛依负责人：何杨

陈文，李浩麟

IGDS 吐鲁番负责人：白哈提古力·买明

艾乃斯，陈斌，邓超，刁飞，古丽汗·吾甫尔，哈力古力，买买提·买明，木拉提，倪雪，努扎提古丽·热合木吐拉，帕塔尔·阿不来提，牙森

IGDS 乌鲁木齐负责人：赵珍

杜丽芳，杜转，郭辉，韩增华，李荣耀，李正勇，孙庆虎，王宏栋，王宏丽，王尹，吴盛兴，张明珠，赵爽爽，赵燕，古力拜尔·艾力叶提

IGDS 伊犁负责人：彭海根

陈宝祥，康建诚，李奉杨，李通，李伟，梁壮，刘勇，蒙灵飞，牛晓立，尚钰清，唐丽，唐丽施，涂春晓，王鹿鹏，吴秀，夏钦胜，徐一卜，杨海东，张浩，张生海，张胜龙

后　　记

　　中国社会科学院重大经济社会调查项目"中国包容性绿色发展跟踪调查"（IGDS）是在"中国经济学人热点调查"的基础上建立起来以"包容性绿色发展"为主题，面向全国的经济社会跟踪调查。其前身"中国经济学人热点调查"由中国社会科学院工业经济研究所《中国经济学人》编辑部于 2013 年发起，目前已经有了一定的社会影响力。据不完全统计，目前已经有 1 万余篇次媒体对"中国经济学人热点调查"进行报道、刊登及转载；百度搜索"中国经济学人热点调查"显示的收录词条数据超过 52.1 万。

　　2022 年起，《中国经济学人》编辑部李钢研究员开始主持中国社会科学院重大经济社会调查项目"中国包容性绿色发展跟踪调查"（GQDC2022019），"中国经济学人热点调查"正式升级为"中国包容性绿色发展跟踪调查"（IGDS），旨在与全社会有志同仁共同建立调查范围更加广泛、样本信息更加丰富、调查手段更加科学、政策研究更加深入的全国数据库。IGDS 项目目前已经建立了省级负责、市级负责、调研员构成的三级调查网络。2022 年第一次问卷调查的主题是包容性营商环境。

　　一般认为，营商环境是指企业在开办、经营、破产等全生命周期内，在遵循地方政策法规及相关制度的情况下，开展商业活动所需要的时间、手续、成本等。近年来，中国营商环境持续得到优化与提升。本书的一个重要创新是，第一次较为系

统地提出了包容性营商环境的概念。2019 年起，我主持国家社
会科学基金重大项目"包容性绿色增长的理论与实践研究"就
开始系统思考营商环境的包容性问题，认为在共同富裕的时代
背景下，不仅要关注有利于企业发展的因素，而且要关注劳动
者与普通公民的福祉，不断提升公民的幸福感与获得感。当然，
包容性的营商环境不仅要关注公众的福祉，而且要关注市场主
体中弱势群体小微企业的发展环境；不仅要关注人类的发展，
而且要关注整个生态系统的可持续发展。因而，包容性营商环
境至少有以下几层含义：一是区域环境要促进企业之间的包容
性；二是区域环境要促进企业与员工之间的包容性；三是区域
环境要促进不同文化与文明之间的包容性；四是区域环境要促
进整个生态系统的包容性。2022 年 3 月 27 日至 4 月 12 日，
IGDS 项目组针对包容性营商环境这一主题，通过电子问卷形式
进行了全国性调查，共回收问卷 5476 份，数据清洗后保留有效
问卷 5047 份。课题组根据问卷数据，对全国七大区域（华北、
华东、东北、华中、华南、西南、西北地区）的包容性营商环
境进行分析。

本书的主要作者介绍如下。

李钢，第一章作者，经济学博士，中国社会科学院工业经
济研究所研究员、博士生导师，IGDS 项目首席专家。

李森，第二章第一作者，博士研究生，现就读于中央民族
大学经济学院。

秦宇，第二章第二作者，经济学博士，中国社会科学院工
业经济研究所助理研究员。

袁华锡，第三章第一作者，管理学博士、经济学博士后，
现为中南财经政法大学经济学院副教授，中国社会科学院工业
经济研究所博士后。

梁泳梅，第三章第二作者，经济学博士，现为中国社会科
学院工业经济研究所《中国经济学人》编辑部副主任、副研

究员。

郭淑芬，第四章第一作者，现为山西财经大学二级教授、博士生导师、公共管理学院院长，IGDS 项目山西省负责人。

米嘉，第四章第二作者，博士，现为山西财经大学资源型经济转型发展研究院讲师，主要从事区域经济史、资源型经济转型研究等。

邱海霞，第五章作者，高级统计师，现就职于山东省临沂商城管委会，IGDS 项目山东省临沂市负责人。

王奥，第六章第一作者，管理学硕士，中共营口市委党校教师，副教授，IGDS 项目辽宁省营口市负责人。

张浩，第六章第二作者，语言学硕士，中共营口市委党校讲师。

孟楠楠，第六章第三作者，法学硕士，中共营口市委党校讲师。

李晗冰，第七章作者，河南工业大学管理学院博士研究生，IGDS 项目河南省南阳市负责人。

范应胜，第八章作者，中国人民银行保山市中心支行高级经济师，IGDS 项目云南省保山市负责人。

张海峰，第九章作者，博士，湛江科技学院生猪产业研究所所长，IGDS 项目广东省湛江市负责人。

刘辉，第十章第一作者，教授，宝鸡文理学院经济管理学院院长，IGDS 项目陕西省宝鸡市负责人。

杨嘉歆，第十章第二作者，副教授，宝鸡文理学院经济管理学院副院长。

郭子璐，第十章第三作者，南开大学法学院双学位，IGDS 项目宝鸡市研究助理。

本书能顺利出版要特别感谢中国社会科学出版社智库成果出版中心喻苗主任的关心与支持，感谢周佳编辑辛勤付出，没有她们的努力，很难想象这本书能这么高效、高质量地出版；

感谢中国社会科学院工业经济研究所学术委员会对本书的支持与认可！

最后我还想感谢参加 IGDS 项目的每一位成员。当今大数据研究已经进入了 2.0 时代，大数据已经从研究客体大数化进一步演化为研究主体大数化；因而参加我们调研的 5476 名调研员不仅是传统意义上的调查对象，更是 IGDS 项目的参与者与合作者，也是本书的作者！你们是我们项目的核心竞争力与优势，也是项目能不断顺利推进的最大保障，再一次感谢你们！

李　钢

2022 年 9 月 19 日

中国包容性绿色发展跟踪调查项目组　2013 年，《中国经济学人》开始进行"中国经济学人热点调查"，近十年来已经产生了一定的社会影响力。2022 年，《中国经济学人》编辑部李钢研究员开始主持中国社会科学院重大经济社会调查项目"中国包容性绿色发展跟踪调查"，旨在与全社会有志同仁共同建立调查范围更加广泛、样本信息更加丰富、调查手段更加科学、政策研究更加深入的中国包容性绿色发展数据库。该项目目前已经建立了省级负责、市级负责、调研员构成的三级调查网络，有全国 300 多个地级行政区的 10000 多人加入该调研网络。到 2022 年 10 月，该项目已经完成了两次问卷调查，计划以后每个季度还将进行一次针对包容性绿色发展不同主题的问卷调查。